令和五年学力検査

愛知県公立高等学校

◇M1(104—1)

全日制課程

第一時限問題　国語

検査時間　九時十分から九時五十五分まで

「解答始め」という指示があるまで、次の注意をよく読みなさい。

注　意

(一)　解答用紙は、この問題用紙とは別になっています。

(二)　「解答始め」という指示で、すぐこの表紙に受検番号を書きなさい。続いて、解答用紙に氏名と受検番号を書き、受検番号についてはマーク欄も塗りつぶしなさい。

(三)　問題は(1)ページから(9)ページまであります。(9)ページの次からは白紙になっています。受検番号を記入したあと、問題の各ページを確かめ、不備のある場合は手をあげて申し出なさい。

(四)　答えは全て解答用紙のマーク欄を塗りつぶしなさい。

(五)　印刷の文字が不鮮明なときは、手をあげて質問してもよろしい。

(六)　「解答やめ」という指示で、解答することをやめ、解答用紙と問題用紙を別々にして机の上に置きなさい。

受検番号	第　　　番

2023(R5) 愛知県公立高
教英出版

国語

一　次の文章を読んで、あとの㈠から㈤までの問いに答えなさい。

[1]　人はなぜ掃除をするのだろうか。生きて活動するということは、環境に負荷をかけることだと、人はたぶん本能的に自覚している。だとしたら、負荷を生まないように、自分たちが生きるために恵まれたこの自然を汚さないように活動すればよさそうなものだが、人の想像力あるいは知力は、負荷をかけ続けた果ての地球を想像したり、数世代先の子孫の安寧に配慮したりすることには至らなかった。今日、僕らは眼前に現れた危機、〔 A 〕浜に打ち寄せ海洋に堆積する大量のプラスチックゴミ、気候変動によるゲリラ豪雨や巨大台風、極点の氷や氷河の解氷による潮位の変化など、近づきつつある危機の予兆をまのあたりにして、地球という資源の限界に気づき、「持続可能性」などという殺伐とした言葉を口にするようになった。文明は急ブレーキを踏み、大慌てでハンドルを切ろうとしている。確かに必要な反省であり対処であるから、これに異を唱えるつもりはない。しかし、いきなり「地球」という大テーマを口にする前に、①人が本来持っているはずの自然や環境への感受性を反芻《はんすう》してはどうだろうか。

[2]　さしあたっては「掃除」である。人は掃除をする生き物だ。掃除は誰に教わることなく、あらゆる文化・文明においてそれぞれの方法で行われてきた。ある仕事で、世界中の掃除の情景を映像として集めたことがある。オペラハウスの客席の掃除、バイオリン奏者の楽器清掃、教会の窓拭き、公園の落ち葉除去、モスク周辺の街路掃き、イランの絨毯《じゅうたん》掃除、万里の長城の掃き掃除、奈良の東大寺で毎年行われる大仏のお身拭い……。集めた映像を数秒ずつ数珠《じゅず》つなぎに編集して眺めると、不思議と胸が熱くなる。人類は掃除をする生き物なのであるが、なぜ人は掃除をするのか。ここに何か未来へのヒントがあるように思えてならない。

[3]　少し観察してみると、掃除とは、人為と自然のバランスを整える営みであることがわかる。未墾の大地を、自分たちに都合よく整え、都市や環境を構築する動物は人間だけだ。だから自然に対して人がなした環境を「人工」という。人工は心地がいいはずだが、プラスチックやコンクリートのように自然を侵食する素材が蔓延《まんえん》してくると、人は自然を恋しがるようになる。「人工」は巨大なゴミなのではないかと気づき始めるのである。一方、自然はといえば、放っておくとほこりや落ち葉が降り積もり、草木は奔放に生い茂る。自然は人を保護するためにあるわけではない。放っておくと荒ぶる姿となって、人の営みを蹂躙《じゅうりん》する。人が住まなくなった民家の床や畳の隙間からは、またたく間に草が芽を出し、生い茂り、数年のうちに草木に飲み込まれてしまう。緑を大切に、などという言葉ももはや出ないほど、緑は猛威をふるうのだ。だから人間は、自然をほどほどに受け入れつつ、適度に排除しながら暮らしてきた。おそらくはこれが掃除であり、そのバランスこそ掃除の本質であろう。

[4]　こんな風に掃除のことを考えているうちに、「庭」に思いが至った。庭、特に日本の庭は、「掃除」すなわち自然と人為の止揚、つまりその拮抗《きっこう》とバランスを表現し続けているものではないかと思ったのである。掃除はもちろん日本だけのものではないが、お茶を飲んだり、花を立てたりという行為を茶の湯だの生け花だのに仕立てるのが得意な日本人である。住居まわりの環境を整える「掃除」という営みを「庭」という技

芸に仕上げたのかもしれない。落ち葉は掃きすぎず、草木も刈りすぎず程よく茂るに任せる。まるで、打ち寄せる波が砂浜をあらう渚《なぎさ》のように、人為と自然がせめぎ合う「ほどほどの心地よさ」を探し当てること、それが庭の本質である。庭は美的な作為であり創作物と思われているかもしれないが、自然に対するあらゆる人為は、いわば「しでかし」に過ぎない。しかし、そのしでかされた庭に愛着を覚え、これを慈しむ人々が現れて、程よく落ち葉を掃き、苔《こけ》を整え、樹々の枝葉を剪定《せんてい》し、守り続けた結果として「庭」は完成していくのだ。当然、長い時間が必要だが、歳月のみが庭を作るわけではない。やはり「人為と自然の波打ち際」が管理され続けることが必須である。

5 大上段に振りかぶって「地球温暖化対策」とか「持続可能な社会」を考えるのも重要なことだと思うが、歴史の中、文化の中に蓄積され、すでに人に内在しているはずの知恵や感受性に気づいてみることも同じくらい重要なのではないか。海外の旅を終えて日本の国際空港に降り立つときに、いつも感じることは、とてもよく掃除されていることである。空港の建築は、どこも質素で味気ないが、掃除は行き届いている。床にシミひとつないというような真新しさではなく、仮にシミができても、丹念に回復を試みた痕跡を感じる。そういう配慮が隅々に行き届いている空気感がある。おそらく、日本のラグジュアリーの要点には掃除がある。ただ単に、磨きあげるのではなく、自然や草木といったものに心を添わせつつ、生きている者としての張りを感じていること。石や木、しっくいや畳といった素材に気持ちを通わせつつ、その自然な様相を味わい楽しむ感覚が掃除であり、そういう営みの中に日本のラグジュアリーは宿るのかもしれない。

（原研哉《はらけんや》『低空飛行——この国のかたちへ』岩波書店による）

（注）
○ 1～5は段落符号である。
○ 安寧＝穏やかで平和であること。
○ 殺伐＝すさんでいるさま。
○ 反芻《はんすう》＝ここでは、一つのことを繰り返し思い、考えること。
○ モスク＝イスラム教の礼拝堂。
○ 数珠《じゅず》つなぎ＝多くのものをひとつなぎにすること。
○ 蔓延《まんえん》＝広がること。
○ 蹂躙《じゅうりん》＝踏みにじること。
○ 止揚＝対立する二つのものを高い段階で統一すること。
○ 拮抗《きっこう》＝ほぼ同じ力で互いに張り合うこと。
○ 剪定《せんてい》＝枝の一部を切り取って整えること。
○ ラグジュアリー＝ここでは、空間から感じられる心地よさのこと。
○ しっくい＝日本建築の壁や天井などに使用される塗料の一つ。

（一）〔 A 〕にあてはまることばとして最も適当なものを、次のアからエまでの中から選びなさい。

ア しかし　イ それとも　ウ つまり　エ なぜなら

（二）①人が本来持っているはずの自然や環境への感受性 とあるが、その説明として最も適当なものを、次のアからエまでの中から選びなさい。

ア 自然や環境が絶えず変化していくという事実に気づく力
イ 人の活動が自然や環境に負荷をかけていることを感じ取る力
ウ 自然や環境が変化していく姿を数世代先まで予測する力
エ 人の活動が自然や環境に与えている負荷をすぐに取り除く力

(三) 次の文章は、ある生徒が第三段落と第四段落の内容をまとめたものである。この文章に対する評価として適当でないものを、あとのアからオまでの中から一つ選びなさい。

> 人間は、自然をほどほどに受け入れつつ、適度に排除しながら暮らしており、そのバランスを整える営みが掃除である。また、日本の庭は、人為と自然がせめぎ合う「ほどほどの心地よさ」を探し当てることを本質としている。だから、日本の庭は、人為と自然のバランスを整える掃除という営みを、技芸に仕上げたものであると言うこともできる。

ア 本文にある具体例や比喩を省略して端的に記している。

イ 掃除の本質を述べた部分を本文から適切に抜き出している。

ウ 接続語を使用することで論理の構造を明確にしている。

エ 掃除と日本の庭に共通している点を的確に述べている。

オ 日本の庭が技芸に仕上げられた理由を簡潔にまとめている。

(四) 次の**ア**から**エ**までの中から、その内容がこの文章に書かれていることと一致するものを一つ選びなさい。

ア 環境に現れた危機の予兆に接した私たちは、地球という資源の限界に気づき、持続可能な社会について考えるようになった。

イ 掃除という営みと切り離せない日本の庭は、日本的な他者への思いやりを表現しており、海外でも高く評価されている。

ウ 環境問題を解決するためには、文化や文明の力を最大限に引き出し、人為と自然のバランスを回復させる必要がある。

エ 日本の空港で居心地の良さを感じるのは、床が隅々まで磨きあげられ、シミひとつない新しさが保たれているからである。

(五) あとの**ア**から**オ**までは、本文と次の参考文を踏まえて筆者の考えをまとめたものである。その内容が本文と参考文に書かれた筆者の考えに近いものを一つ選びなさい。

（参考文）

> 四万十川《しまんとがわ》は、高知県西部を流れる清流である。もちろん川もきれいだが、そこにある人々の暮らしと一体になった風景に、しみじみと考えさせられるものがある。特に注目したいのは「沈下橋」と呼ばれる橋である。
>
> 日本は台風の国であるが、高知はその玄関口のような場所で、自然の猛威から逃れるすべはなく、それを受け止めるべく暮らしの環境を整えてきた。四万十川は増水すると激しい濁流に変貌するのであるが、興味深いことに沈下橋は増水するとあっさり水面下に沈んでしまう。橋には水流の抵抗となる欄干がなく、橋の断面は飛行機の翼のような形をしているので、水に潜ってしまうことによって破壊から逃れる、という構造になっている。
>
> この沈下橋が、上流から下流まで、つまり短い橋からとても長い橋まで六十あまりある。その土地の人たちの暮らしの必要から必然的に生まれてきた橋であるからいわば環境デザインである。
>
> 最近は、しっかりとした橋脚を持ち、ずっと高いところに架橋され、増水にもびくともしない「抜水橋」がいくつかできたが、残念ながら便利さと引き換えに、四万十川と沈下橋がおりなす風景を壊しているというほかない。確かに、増水のたびに水に沈んで通れなくなる橋は不便かもしれないが、自然の脅威を肌で感じつつも、川と近い距離で水に親しみつつ生きる暮らしに、四万十

川流域の人々が心地よさや誇りを持っているのだとしたら、この景観を守っていくことの方が豊かと言えるだろう。

（原研哉《はらけんや》『低空飛行――この国のかたちへ』岩波書店による）

（注）○ 欄干＝人が落ちないよう橋の両縁に設けられた柵状のもの。手すり。

ア　本文も参考文も、自然の猛威から人々の生活をいかにして守るかということが共通のテーマになっている。

イ　本文も参考文も、人工的なものはできるだけ排除して自然を後世に残そうという考えが柱になっている。

ウ　「庭」も「沈下橋」も、自然のもつ荒々しさを受け入れて環境を整えながら生きる暮らしを象徴している。

エ　「沈下橋」は「庭」とは異なり、自然の猛威から逃れようとすることのむなしさが表現されている。

オ　「庭」と同様に「沈下橋」は、自然との共生を図りつつデザイン性を高めることを意図して作られている。

二　次の㈠から㈢までの問いに答えなさい。

㈠　次の文中の傍線部①、②に用いる漢字として正しいものを、それぞれあとのアからエまでの中から一つ選びなさい。

①ヒ②ヨクな大地が広がる。

①　ア　肥　　イ　被　　ウ　非　　エ　比

②　ア　浴　　イ　翼　　ウ　翌　　エ　沃

㈡　次の文中の傍線部と同じ意味で用いられている漢字として正しいものを、あとのアからエまでの中から一つ選びなさい。

厳かな雰囲気の中で卒業式が行われた。

ア　厳選　　イ　厳粛　　ウ　厳禁　　エ　厳守

㈢　次の文中の〔　Ａ　〕にあてはまる最も適当なことばを、あとのアからエまでの中から選びなさい。

科学技術は〔　Ａ　〕の発展を続けている。

ア　東奔西走　　イ　不易流行　　ウ　一触即発　　エ　日進月歩

三　次の文章を読んで、あとの(一)から(六)までの問いに答えなさい。

〔本文にいたるまでのあらすじ〕

> 気象学者である藤巻《ふじまき》先生の研究室に所属している大学三年生の「僕」は、先生の息子で中学三年生の和也《かずや》の家庭教師をしている。一九七五年の夏のある日、「僕」は藤巻先生の奥さん（スミ）の招きにより、藤巻家で一緒に食事をとることになった。

〔本文〕

1　「ねえ、お父さんたちは天気の研究をしてるんでしょ」和也が箸を置き、父親と僕を見比べた。「被害が出ないように防げないわけ？」「それは難しい」藤巻先生は即座に答えた。「気象は人間の力ではコントロールできない。雨や風を弱めることはできないし、雷も竜巻もとめられない」「じゃあ、なんのために研究してるの？」和也が〔 A 〕眉根を寄せた。「知りたいからだよ。気象のしくみを」「知っても、どうにもできないのに？」「どうにもできなくても、知りたい」（中略）「やっぱり、おれにはよくわかんないや」「わからないことだらけだよ、この世界は」先生がひとりごとのように言った。「だからこそ、おもしろい」

2　一時はどうなることかとはらはらしたけれど、それ以降は和也が父親につっかかることもなく、食事は和やかに進んだ。うなぎをたいらげた後、デザートにはすいかが出た。話していたのは主に、奥さんと和也だった。僕の学生生活についていくつか質問を受け、和也が幼かった時分の思い出話も聞いた。中でも印象的だったのは、絵の話である。朝起きたらまず空を観察するというのが、藤巻先生の長年の日課だという。晴れていれば庭に出て、雨の日には窓越しに、〔 B 〕眺める。そんな父親の姿に、幼い和也はおおいに好奇心をくすぐられたらしい。よちよち歩きで追いかけていっては、並んで空を見上げていたそうだ。熱視線の先に、なにかとてつもなくおもしろいものが浮かんでいるはずだと思ったのだろう。「お父さんのまねをして、こう腰に手をあてて、あごをそらしてね。今にも後ろにひっくり返りそうで、見ているわたしはひやひやしちゃって」奥さんは身ぶりをまじえて説明した。本人は覚えていないようで、首をかしげている。「それで、後で空の絵を描くんですよ。お父さんに見せるんだ、って言って。親ばかかもしれないですけど、けっこうな力作で……そうだ、先生にも見ていただいたら？」「親ばかだって。子どもの落書きだもん」照れくさげに首を振った和也の横から、藤巻先生も口添えした。「いや、わたしもひさしぶりに見たいね。あれはなかなかたいしたものだよ」「へえ、お父さんがほめてくれるなんて、珍しいこともあるもんだね」冗談めかしてまぜ返しつつ、和也はまんざらでもなさそうに立ちあがった。「あれ、どこにしまったっけ？」「あなたの部屋じゃない？　納戸《なんど》か、書斎の押し入れかもね」奥さんも後ろからついていき、僕は先生とふたりで和室に残された。

3　「先週貸していただいた本、もうじき読み終わりそうです。週明けにでもお返しします」なにげなく切り出したところ、先生は目を輝かせた。「あの超音波風速温度計は、実に画期的な発明だね」超音波風速温度計のもたらした貢献について、活用事例について、今後検討すべき改良点について、せきを切ったように語り出す。お絵描き帳が見あたらなかったのか、和也たちはなかなか帰ってこなかった。その間に、先生の話は加速度をつけて盛りあがった。ようやく戻ってきたふたりが和室の入口で顔を見あわせているのを、僕は視界の端にとらえた。①自分から水を向けた手前、話の腰を折るのもためらわれ、どうしたものかと弱っている

四 次の漢文（書き下し文）を読んで、あとの㈠から㈣までの問いに答えなさい。（本文の ------ の左側は現代語訳です。）

後漢《ごかん》の魯恭《ろきよう》字《あざな》は仲康《ちゆうかう》、扶風平陵《ふふうへいりよう》（扶風平陵の出身である）の人なり。粛宗《しゆくそう》の時、中牟《ちゆうぼう》の令（中牟県の長官）に拝せらる。①専ら徳化を以《もつ》て理《をさ》むることを為《な》し、刑罰に任ぜず。郡国に（地方に）螟《めい》ありて稼《か》を傷《そこな》ふ。（害虫が発生して田畑の穀物を荒らした）犬牙《けんが》の縁界も中牟に入らず。（県境が複雑に入り組んだ場所でも害虫は中牟県内に入らなかった）河南《かなん》の尹《ゐん》（河南郡の長官であった）袁安《ゑんあん》之《これ》を闚アき、②其《そ》の実ならざるを疑ひ、仁恕《じんじよ》の掾《えん》肥親《ひしん》をして往《ゆ》いて之を廉《ただ》さしむ。（仁恕という役職にあった肥親に中牟を視察させた）恭阡陌《せんぱく》（あぜ道）を随行しイ、倶《とも》に桑下《さうか》に座す。雉《きじ》有り過ぎて（キジが目の前を通り過ぎて）其の傍《かたは》らに止まるウ。傍らに童児有り。親曰《い》はくエ、「児何ぞ之を捕らざる。」（坊やはどうしてキジを捕まえないのかね）と。児言ふオ、「雉方《まさ》に雛《ひな》を将《ひき》ゐる。」（キジがひなを連れているからです）と。親、瞿然《くぜん》として起《た》ち、（驚いて立ち上がり）恭と訣《わか》れて（別れる際に）曰はくカ、「来たる所以《ゆゑん》の者は、（理由は）君の政迹《せいせき》を察せんと欲するのみ。（あなたの治政を視察しようと思ったからです）今虫境を犯さず、化鳥獣に及び、豎子《じゆし》に仁心有り。（子供にも思いやりの心が備わっています）三の異なり。」と。府（郡の役所）に還《かへ》り状を以て安に白《まを》す。（報告した）

（『蒙求《もうぎゆう》』による）

（注）○魯恭《ろきよう》・袁安《ゑんあん》・肥親《ひしん》＝いずれも中国古代の王朝である後漢の家臣。
○字《あざな》＝中国で、男子が成年後、実名のほかにつける別名。
○粛宗《しゆくそう》＝後漢の皇帝。

㈠ ①専ら徳化を以《もつ》て理《をさ》むることを為《な》し、刑罰に任ぜず とあるが、その説明として最も適当なものを、次のアからエまでの中から選びなさい。

ア 徳の高い人間ではなく、法律の専門家を重んじているということ
イ 人民の徳が高まらないため、刑罰に頼っているということ
ウ 刑罰に頼らず、徳による教えで世を治めているということ
エ 世の安定よりも、自分の徳を高めることを優先しているということ

㈡ 波線部アからカまでの中から、主語が同じものを全て選びなさい。

㈢ ②其《そ》の実ならざるを疑ひ とあるが、何を疑っているのか。その内容として最も適当なものを、次のアからエまでの中から選びなさい。

ア 害虫による被害をまぬがれた県の中で、魯恭が治める県だけは穀物が実らなかったこと
イ 魯恭が治める県には害虫が侵入せず、穀物の被害が生じなかったこと
ウ 害虫が発生したことにより、魯恭が治める県でも多くの人々が飢餓に苦しんだこと
エ 多くの県が害虫の対策に取り組む中、魯恭が治める県が最も早く駆除に成功したこと

㈣ 次のアからエまでの中から、その内容がこの文章に書かれていることと一致するものを一つ選びなさい。

ア 袁安は視察に向かった先で魯恭に出会えたことを喜んだ。
イ 袁安は魯恭が治める県が自然の豊かな土地であることに驚いた。
ウ 肥親は子供からひなを守ろうとした親鳥の姿を見て感動した。
エ 肥親は魯恭の善政が県全体に及んでいることに感心した。

（問題はこれで終わりです。）

ウ　藤巻先生は気象研究にしか興味がなさそうに見えるが、実は和也の将来を考えており、単純には理解できない魅力をもった人物であることを伝えようと思っている。

エ　幼い頃の和也が空や雲に強い関心をもっていたにもかかわらず、気象学の道を歩ませようとしない藤巻先生に疑問を感じ、所属する研究室を変わろうと思っている。

(五)　次の**ア**から**オ**は、この文章を読んだ生徒五人が、登場人物について、意見を述べ合ったものである。その内容が本文に書かれていることに近いものを二つ選びなさい。

ア（Aさん）　和也の父親である藤巻先生のユニークな人柄が大変興味深く描かれていると感じます。先生は、気象のしくみを知りたいという純粋な好奇心の持ち主として描かれており、だからこそ、わからないからおもしろいという先生のことばには説得力を感じます。

イ（Bさん）　先生の奥さんは、夫である先生に理解があるのでしょう。先生が和也の気持ちに気づいていないときも、いつものことだと冷静に対応しています。本文に描かれた場面でも、先生が自分の研究分野について一方的に話をするのを当然のことのように受け入れています。

ウ（Cさん）　和也は対照的な考え方をもつ両親の下で複雑な思いを抱いています。ふだんは陽気で活発な性格ですが、両親に対しては反抗的で、皮肉っぽい言動が目立ちます。時折、甘えた態度は示しますが、いらいらした気持ちを解消することはできていないように見えます。

エ（Dさん）　先生は、和也の気持ちに気がつかないときがあるようですね。悪気があるわけではなく、ひとつのことに集中すると他のことに気がまわらないようです。先生はそのことを自覚して反省しているようですが、和也には自分が悪かったという思いを伝えきれていません。

オ（Eさん）　和也に対する先生の態度にはもどかしいところがあります。また、息子から見たら先生はよくわからない人なのでしょう。母親も二人のことを心配しているものの、間をうまく取りもてていないようです。家族とはいえ、人と人との関係は難しいものです。

(六)　この文章の表現の特徴として適当なものを、次の**ア**から**オ**までの中から二つ選びなさい。

ア　作者からの登場人物への評価を挿入することにより、場面全体に奥行きをもたらしている。

イ　擬態語を随所に用いることにより、登場人物の心情が理解しやすい描写となっている。

ウ　専門的な用語を平易なことばに言い換えることにより、全体を通してわかりやすい印象を与えている。

エ　登場人物の一人が語り手となることにより、読者がその人物の心情を追体験できるようになっている。

オ　隠喩を効果的に用いることにより、登場人物の心情が直感的に理解できるようになっている。

（注）○ 1～5は段落符号である。
○ 眉根＝眉の鼻に近い方の端。
○ 納戸《なんど》＝物置部屋。
○ 超音波風速温度計＝超音波を利用して風速と温度を測定するもの。
○ せきを切る＝抑えられていたものが一気にあふれ出る。
○ きびすを返す＝引き返す。後戻りする。
○ 目をすがめる＝片目を細くして見る。
○ 巻積雲《けんせきうん》＝空の高いところに浮かぶ、まだら状の雲。うろこ雲。
○ 陰翳《いんえい》＝薄暗いかげ。

(一) 〔 A 〕、〔 B 〕にあてはまる最も適当なことばを、次のアからカまでの中からそれぞれ選びなさい。

ア いたずらに　イ いぶかしげに　ウ うっかりと
エ こっそりと　オ しなやかに　カ とっくりと

(二) ①自分から水を向けた　とあるが、その説明として最も適当なものを、次のアからエまでの中から選びなさい。

ア 「僕」が和也の絵を見たいと奥さんに申し出たということ
イ 「僕」が藤巻先生と二人で和室に残ったということ
ウ 「僕」が藤巻先生に借りている本の話をしたということ
エ 「僕」が奥さんと和也の姿を目で追ったということ

(三) ②無言で部屋を出ていった　とあるが、和也がこのような行動をとるまでの心情の説明として最も適当なものを、次のアからエまでの中から選びなさい。

ア 父親に対してわだかまりを抱いていたが、父親が自分を認める発言をしたことをきっかけに心が浮き立った。しかし、絵を持ってきた際の父親の反応に傷つき、その感情は失望へと変化した。
イ 父親に対して卑屈になっていたが、父親が自分を評価していたことを知って自尊心が回復した。しかし、父親の発言が本心ではなかったことがわかり、その感情は落胆へと変化した。
ウ 父親に対して尊敬する気持ちを伝えられずにいたが、父親が自分を認めてくれたことをうれしく感じた。しかし、「僕」と話す父親の親しげな様子に、その感情は憎しみへと変化した。
エ 父親に対して不愉快な気持ちを抱いていたが、気象研究の無意味さを指摘して父親をやり込めたことで心が晴れた。しかし、幼い頃の失敗を持ち出されて、その感情は恥ずかしさへと変化した。

(四) ③「わからないひとだよ、きみのお父さんは」　という発言に込められた「僕」の心情として最も適当なものを、次のアからエまでの中から選びなさい。

ア 空や雲が大好きだった和也が、実は今でも父親を慕っていることをほほえましく思いつつ、息子に対して素直になれない藤巻先生の思いを代弁しようと思っている。
イ 和也の絵を見たいと言っていたのに、絵を持ってきた和也を無視する藤巻先生の真意が理解できず、自分も和也と同じ気持ちであることを示そうと思っている。

と、スケッチブックを小脇に抱えた和也がこちらへずんずん近づいてきた。「お父さん」うん、と先生はおざなりな生返事をしたきり、見向きもしない。「例の、南西諸島の海上観測でも役に立ったらしい。船体の揺れによる影響をどこまで補正できるかが課題だな」「ねえ、あなた」奥さんも困惑顔で呼びかけた。と、先生がはっとしたように口をつぐんだ。僕は胸をなでおろした。たぶん奥さんも、それに和也も。「ああ、スミ。悪いが、紙と鉛筆を持ってきてくれるかい」先生は言った。和也がきびすを返し、②無言で部屋を出ていった。

［4］おろおろしている奥さんにかわって、自室にひっこんでしまった和也を呼びにいく役目を僕が引き受けたのは、少なからず責任を感じたからだ。父親に絵をほめられたときに和也が浮かべた表情を、僕は見逃していなかった。雲間から一条の光が差すような、笑顔だった。いつだって陽気で快活で、いっそ軽薄な感じさえする子だけれど、あんな笑みははじめて見た。「花火をしよう」ドアを開けた和也に、僕は言った。「おれはいい。先生がつきあってあげれば？ そのほうが親父《おやじ》も喜ぶんじゃない？」和也はけだるげに首を振った。険しい目つきも、ふてくされたような皮肉っぽい口ぶりも、ふだんの和也らしくない。僕は部屋に入り、後ろ手にドアを閉めた。「まあ、そうかっかするなよ」藤巻先生に悪気はない。話に夢中になって、他のことをつかのま忘れてしまっていただけで、息子を傷つけるつもりはさらさらなかったに違いない。「様子を見てきます」と僕が席を立ったときも、なにが起きたのかふに落ちない様子できょとんとしていた。「別にしてない」和也は投げやりに言い捨てる。「昔から知ってるもの。あのひとは、おれのことなんか興味がない」腕組みして壁にもたれ、暗い目つきで僕を見据えた。「でも、おれも先生みたいに頭がよかったら、違ったのかな」「え？」「親父があんなに楽しそうにしてるの、はじめて見たよ。いつも家ではたいくつなんだろうね。おれたちじゃ話し相手になれないもんね」うつむいた和也を、僕はまじまじと見た。

［5］「親父にはついていけないよ。さっきの話じゃないけど、なにを考えてるんだか、おれにはちっともわかんない」僕は小さく息を吸って、口を開いた。「僕にもわからないよ。きみのお父さんが、なにを考えているのか」和也が探るように目をすがめた。僕は机に放り出されたスケッチブックを手にとった。「僕が家庭教師を頼まれたとき、なんて言われたと思う？」和也は答えない。身じろぎもしない。「学校の成績をそう気にすることもないんじゃないか、ってお父さんはおっしゃった。得意なことを好きにやらせるほうが、本人のためになるだろうってね」色あせた表紙をめくってみる。ページ全体が青いクレヨンで丹念に塗りつぶされている。白いさざ波のような模様は、巻積雲《けんせきうん》だろう。「よく覚えてるよ。意外だったから」次のページも、そのまた次も、空の絵だった。一枚ごとに、空の色も雲のかたちも違う。確かに力作ぞろいだ。「藤巻先生はとても熱心な研究者だ。もしも僕だったら、息子も自分と同じように、学問の道に進ませようとするだろうね。本人が望もうが、望むまいが」僕は手をとめた。開いたページには、今の季節におなじみのもくもくと不穏にふくらんだ積雲が、繊細な陰翳《いんえい》までつけて描かれている。③「わからないひとだよ、きみのお父さんは」わからないことだらけだよ、この世界は——まさに先生自身が口にした言葉を、僕は思い返していた。だからこそ、おもしろい。

（瀧羽麻子《たきわあさこ》『博士の長靴』による）

令和５年学力検査

全　日　制　課　程

第２時限問題

数　　学

検査時間　10時20分から11時05分まで

「解答始め」という指示があるまで，次の注意をよく読みなさい。

注　　意

(1) 解答用紙は，この問題用紙とは別になっています。

(2) 「解答始め」という指示で，すぐこの表紙に受検番号を書きなさい。続いて，解答用紙に氏名と受検番号を書き，受検番号についてはマーク欄も塗りつぶしなさい。

(3) 問題は(1)ページから(5)ページまであります。(5)ページの次は白紙になっています。受検番号を記入したあと，問題の各ページを確かめ，不備のある場合は手をあげて申し出なさい。

(4) 余白や白紙のページは，計算などに使ってもよろしい。

(5) 答えは全て解答用紙のマーク欄を塗りつぶしなさい。

(6) 印刷の文字が不鮮明なときは，手をあげて質問してもよろしい。

(7) 「解答やめ」という指示で，解答することをやめ，解答用紙と問題用紙を別々にして机の上に置きなさい。

受検番号	第　　　　　番

【解答上の注意】

問題の文中の アイ などには，数字が入ります。ア，イ，… の一つ一つには，０から９までの数字のいずれか一つがあてはまるので，解答用紙のア，イ，… で示された数字のマーク欄を塗りつぶします。

（例） アイ に「15」と答えるとき

	ア	⓪ ● ② ③ ④ ⑤ ⑥ ⑦ ⑧ ⑨
	イ	⓪ ① ② ③ ④ ● ⑥ ⑦ ⑧ ⑨

なお，このような場合，アの欄に「０」が入ることはありません。

（例） $\dfrac{\text{アイ}}{\text{ウエ}}$ に「$\dfrac{14}{23}$」と答えるとき

	ア	⓪ ● ② ③ ④ ⑤ ⑥ ⑦ ⑧ ⑨
	イ	⓪ ① ② ③ ● ⑤ ⑥ ⑦ ⑧ ⑨
	ウ	⓪ ① ● ③ ④ ⑤ ⑥ ⑦ ⑧ ⑨
	エ	⓪ ① ② ● ④ ⑤ ⑥ ⑦ ⑧ ⑨

数　学

1　次の(1)から(10)までの問いに答えなさい。

(1)　$6-(-4)\div 2$　を計算した結果として正しいものを，次の**ア**から**エ**までの中から一つ選びなさい。

ア　1　　**イ**　4　　**ウ**　5　　**エ**　8

(2)　$\dfrac{3x-2}{6}-\dfrac{2x-3}{9}$　を計算した結果として正しいものを，次の**ア**から**エ**までの中から一つ選びなさい。

ア　$\dfrac{5x-12}{18}$　　**イ**　$\dfrac{13x-12}{18}$　　**ウ**　$\dfrac{5}{18}x$　　**エ**　$-\dfrac{2}{3}$

(3)　$6x^2\div(-3xy)^2\times 27xy^2$　を計算した結果として正しいものを，次の**ア**から**エ**までの中から一つ選びなさい。

ア　$-54x^2y$　　**イ**　$-18xy$　　**ウ**　$18x$　　**エ**　$54x^2y^2$

(4)　$(\sqrt{5}-\sqrt{2})(\sqrt{20}+\sqrt{8})$　を計算した結果として正しいものを，次の**ア**から**エ**までの中から一つ選びなさい。

ア　6　　**イ**　$4\sqrt{5}$　　**ウ**　$2\sqrt{21}$　　**エ**　14

(5)　方程式　$(x-3)^2=-x+15$　の解として正しいものを，次の**ア**から**エ**までの中から一つ選びなさい。

ア　$x=-6,\ 1$　　**イ**　$x=-3,\ -2$　　**ウ**　$x=-1,\ 6$　　**エ**　$x=2,\ 3$

(6)　次の**ア**から**エ**までの中から，yがxの一次関数となるものを一つ選びなさい。

ア　面積が100 cm^2 で，たての長さが x cm である長方形の横の長さ y cm

イ　1辺の長さが x cm である正三角形の周の長さ y cm

ウ　半径が x cm である円の面積 y cm^2

エ　1辺の長さが x cm である立方体の体積 y cm^3

(7)　1が書かれているカードが2枚，2が書かれているカードが1枚，3が書かれているカードが1枚入っている箱から，1枚ずつ続けて3枚のカードを取り出す。

1枚目を百の位，2枚目を十の位，3枚目を一の位として，3けたの整数をつくるとき，この整数が213以上となる確率として正しいものを，次のアからエまでの中から一つ選びなさい。

ア　$\frac{7}{24}$　　イ　$\frac{1}{3}$　　ウ　$\frac{5}{12}$　　エ　$\frac{1}{2}$

(8)　n がどんな整数であっても，式の値が必ず奇数となるものを，次のアからエまでの中から一つ選びなさい。

ア　$n-2$　　イ　$4n+5$　　ウ　$3n$　　エ　n^2-1

(9)　x の値が1から3まで増加するときの変化の割合が，関数 $y=2x^2$ と同じ関数を，次のアからエまでの中から一つ選びなさい。

ア　$y=2x+1$　　イ　$y=3x-1$　　ウ　$y=5x-4$　　エ　$y=8x+6$

(10)　空間内の平面について正しく述べたものを，次のアからエまでの中から全て選びなさい。

ア　異なる2点をふくむ平面は1つしかない。

イ　交わる2直線をふくむ平面は1つしかない。

ウ　平行な2直線をふくむ平面は1つしかない。

エ　同じ直線上にある3点をふくむ平面は1つしかない。

令和５年学力検査

全　日　制　課　程

第　3　時　限　問　題

社　　　会

検査時間　11時30分から12時15分まで

「解答始め」という指示があるまで，次の注意をよく読みなさい。

注　　意

(1) 解答用紙は，この問題用紙とは別になっています。

(2) 「解答始め」という指示で，すぐこの表紙に受検番号を書きなさい。続いて，解答用紙に氏名と受検番号を書き，受検番号についてはマーク欄も塗りつぶしなさい。

(3) 問題は(1)ページから(10)ページまであります。表紙の裏と(10)ページの次からは白紙になっています。受検番号を記入したあと，問題の各ページを確かめ，不備のある場合は手をあげて申し出なさい。

(4) 答えは全て解答用紙のマーク欄を塗りつぶしなさい。

(5) 印刷の文字が不鮮明なときは，手をあげて質問してもよろしい。

(6) 「解答やめ」という指示で，解答することをやめ，解答用紙と問題用紙を別々にして机の上に置きなさい。

受検番号	第　　　　　　　番

社　　会

1　次のⅠ，Ⅱ，Ⅲの資料は，生徒が日本の都市の歴史についてレポートを作成するために用意したものの一部である。あとの(1)から(3)までの問いに答えなさい。

Ⅰ

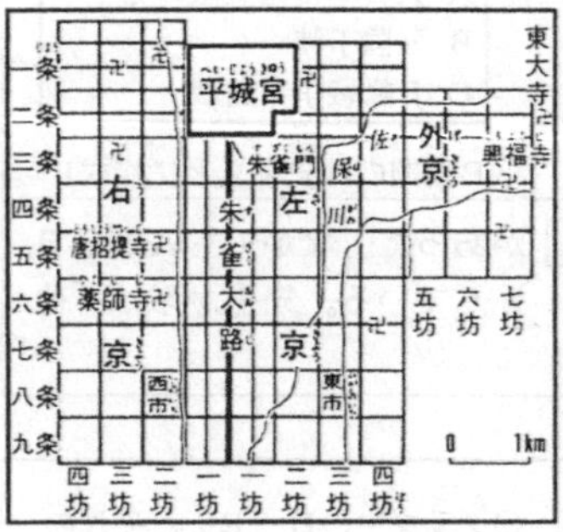

Ⅱ

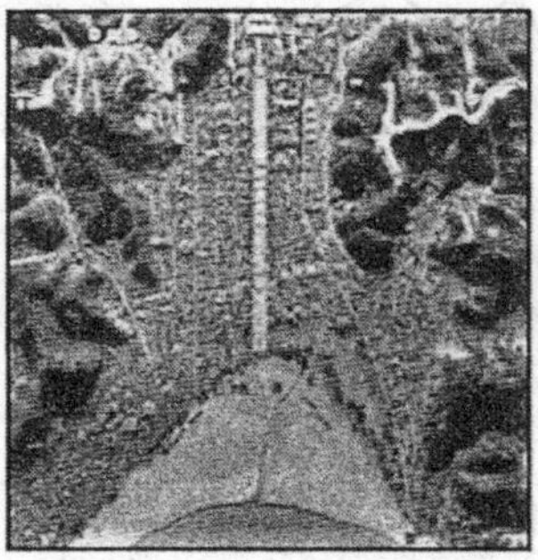

Ⅲ

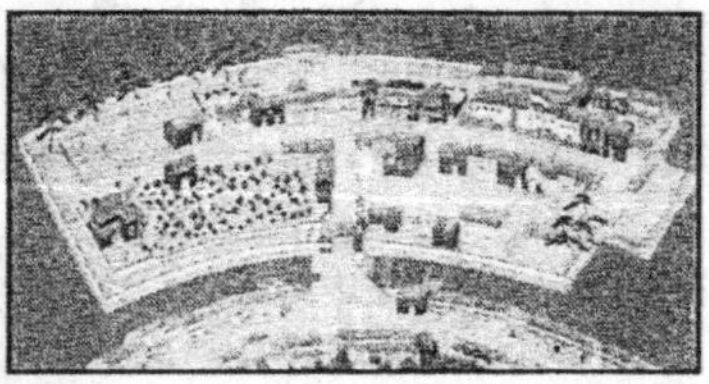

(1)　次の文章は，Ⅰの資料について説明したものである。文章中の（　①　），（　②　）にあてはまる国名や寺院名として最も適当なものを，下の**ア**から**キ**までの中からそれぞれ選びなさい。

> Ⅰの資料は，奈良時代の都の略地図である。この都には，当時シルクロードで結びついていた（　①　）といった国々の物品が集まった。こうした物品の一部は（　②　）の正倉院に納められ，現代に伝えられている。

ア　イスラム帝国や漢　　**イ**　イスラム帝国や唐
ウ　モンゴル帝国や宋　　**エ**　モンゴル帝国や明
オ　興福寺　　**カ**　唐招提寺　　**キ**　東大寺

(2)　Ⅱの資料は，幕府がおかれていた，ある都市を復元した模型の写真である。この都市に幕府がおかれていた期間のようすについて述べた文として最も適当なものを，次の**ア**から**エ**までの中から選びなさい。

ア　城を中心に武士や町人の居住地が配置され，100万人以上の人が住んでいた。
イ　有力な商工業者たちによる自治が行われ，南蛮貿易などの交易で栄えていた。
ウ　日蓮宗の開祖となった人物が布教活動を行い，信者を増やしていた。
エ　真言宗の開祖となった人物が寺院を与えられ，貴族の信仰を集めていた。

(3)　次の文章は，Ⅲの資料について説明したものである。文章中の（　③　），（　④　）にあてはまる国名の組み合わせとして最も適当なものを，下の**ア**から**エ**までの中から選びなさい。
　なお，文章中の２か所の（　③　）には同じ国名があてはまる。

> Ⅲの資料は，江戸時代，（　③　）商船で来航した商人との交易が行われていた人工の島を描いたものである。（　③　）は，アジアとの交易で繁栄したが，19世紀になると，18世紀末の革命に際して人権宣言を発表した（　④　）の支配を受ける時期もあった。

ア　③　中国　　④　フランス　　**イ**　③　中国　　④　アメリカ
ウ　③　オランダ　　④　フランス　　**エ**　③　オランダ　　④　アメリカ

2 次のⅠからⅤまでの資料は，生徒が日本における新聞の歴史について探究活動を行った際の記録の一部である。あとの(1)から(4)までの問いに答えなさい。

Ⅰ

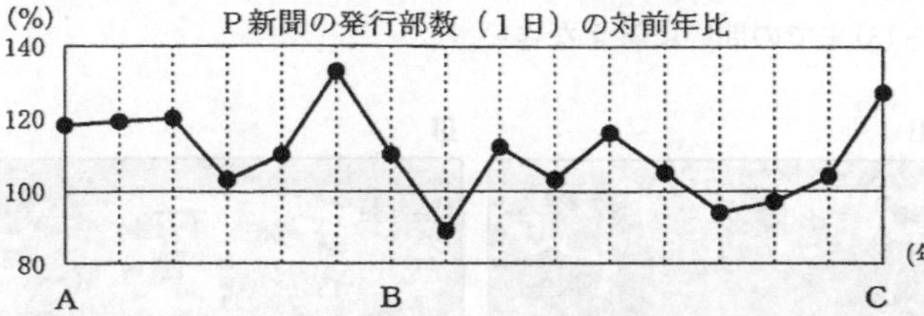

○グラフ中のA，B，Cそれぞれの年のできごと

A 大日本帝国憲法の発布
B 三国干渉
C 日露戦争の開戦

（P新聞の社史をもとに作成）

上のグラフ中のAからCまでの期間は，日本では［ ① ］があった。なかでもAからBまでの期間には議会政治が始まり，P新聞の発行部数は（ ② ）している。先生からは「他の新聞の発行部数も調べるとよい」とのアドバイスを受けた。

Ⅱ

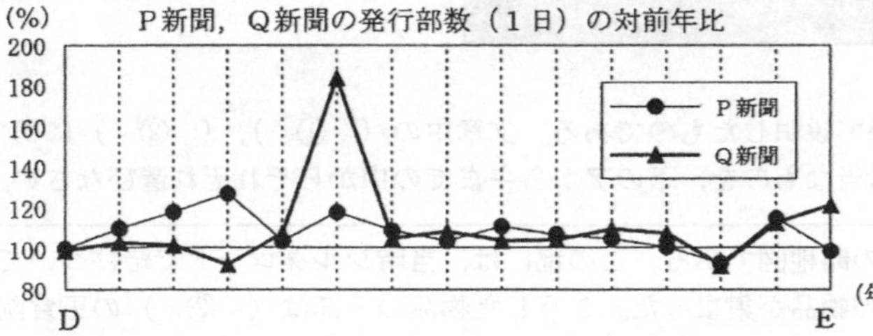

○グラフ中のD，Eそれぞれの年のできごと

D 五・四運動
E 日本が国際連盟を脱退

（P新聞，Q新聞それぞれの社史をもとに作成）

日本は，五・四運動では（ ③ ）の人々の反発を受け，関東軍による（ ④ ）では国際連盟による調査を受けた。また，上のグラフ中のDからEまでの期間には，［ ⑤ ］。この期間にはQ新聞が関東大震災の翌年に発行部数を大きく伸ばしたが，両新聞の発行部数は前年を下回る年もあった。

Ⅲ

敗戦前の新聞の見出しは，右の記事のように，右から読むことに気付いた。そこで，「敗戦前は見出しを右から読むことに統一していたが，敗戦以降は，左から読むことに統一したのではないか」という仮説を立てた。

Ⅳ

Ⅴ

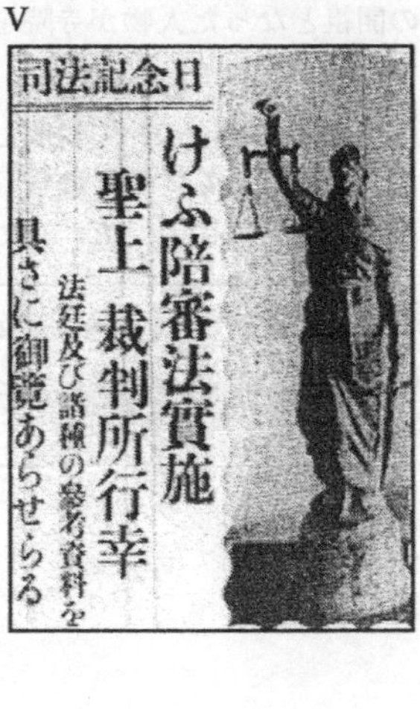

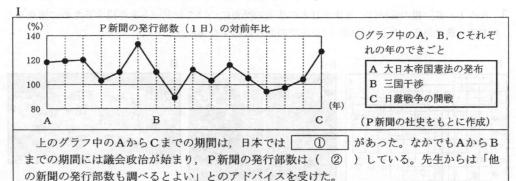

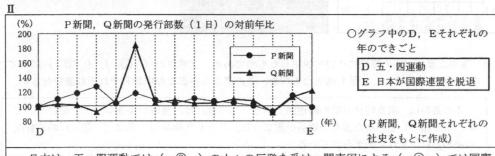

(1) Ⅰの資料中の [①] ，（ ② ）にあてはまる文やことばとして最も適当なものを，次のアから力までの中からそれぞれ選びなさい。

ア　近代化が急がれた時期にあたる。その背景の一つには欧米の帝国主義の動き

イ　中央集権化が進められた時期にあたる。その背景の一つには中国で成立した統一国家の影響

ウ　国民の間に「中流意識」が広がった時期にあたる。その背景の一つには家電製品の普及

エ　毎年増加　　オ　毎年減少　　カ　年によって増減

(2) Ⅱの資料中の（ ③ ），（ ④ ），[⑤] にあてはまる国名やことば，文として最も適当なものを，次のアからケまでの中からそれぞれ選びなさい。

ア　朝鮮　　イ　中国　　ウ　イギリスやアメリカ

エ　義和団事件　　オ　満州事変　　カ　大逆事件

キ　不況が深刻となる中，金融恐慌が発生し，銀行が休業するなどした

ク　戦争が長期化する中，中学生も勤労動員の対象となった

ケ　物資が不足する中，海外からの引きあげ者もあり，物価が急激に上昇した

(3) 次の文章は，生徒がⅢの資料中の下線部の仮説をⅣの新聞記事を用いて確かめた際に作成したメモの一部である。文章中の（ ⑥ ），（ ⑦ ）にあてはまることばの組み合わせとして最も適当なものを，下のアからカまでの中から選びなさい。

> Ⅳの新聞記事にある戦争は（ ⑥ ）の対立を背景にして始まった。見出しを読む方向から考えて，仮説が正しいとすれば，この記事が新聞に掲載されたのは（ ⑦ ）であり，仮説は正しくないことがわかった。

ア　⑥　社会（共産）主義陣営と資本主義陣営　　⑦　敗戦前となるが，実際には敗戦以降

イ　⑥　社会（共産）主義陣営と資本主義陣営　　⑦　敗戦以降となるが，実際には敗戦前

ウ　⑥　朝鮮半島を巡る日本とロシア　　⑦　敗戦前となるが，実際には敗戦以降

エ　⑥　朝鮮半島を巡る日本とロシア　　⑦　敗戦以降となるが，実際には敗戦前

オ　⑥　この地域における宗教間　　⑦　敗戦前となるが，実際には敗戦以降

カ　⑥　この地域における宗教間　　⑦　敗戦以降となるが，実際には敗戦前

(4) 次の文章は，生徒がⅢの資料中の下線部の仮説を確かめる際にみつけたⅤの新聞記事について述べたものの一部である。文章中の（ ⑧ ），（ ⑨ ）にあてはまることばの組み合わせとして最も適当なものを，下のアからエまでの中から選びなさい。

> 「陪審法（ばいしん）」は，現在の裁判員制度と同様に国民が（ ⑧ ）することを目的としてつくられた。この法律が実際に実施された年代から，Ⅴの新聞記事は仮説を否定するものであることがわかる。この法律が実施された年代には，選挙権は一定の年齢に達した（ ⑨ ）に与えられており，この法律でも陪審員（現在の裁判員）をつとめる者の資格の一つとして，同じような規定があった。

ア　⑧　裁判を傍聴　　⑨　国民のうち男性のみ　　イ　⑧　裁判を傍聴　　⑨　全ての国民

ウ　⑧　司法に参加　　⑨　国民のうち男性のみ　　エ　⑧　司法に参加　　⑨　全ての国民

3 次のⅠからⅣまでの資料は，生徒が各都道府県の今後の課題などについてグループで学習した際に用いたものの一部である。あとの(1)から(3)までの問いに答えなさい。

なお，Ⅱの資料中のAからDまでは，秋田県，神奈川県，千葉県，鳥取県のいずれかであり，P，Qは，人口に占める65歳以上の割合，有業者に占める第三次産業の割合のいずれかである。

Ⅰ　全都道府県の市町村の減少割合と人口

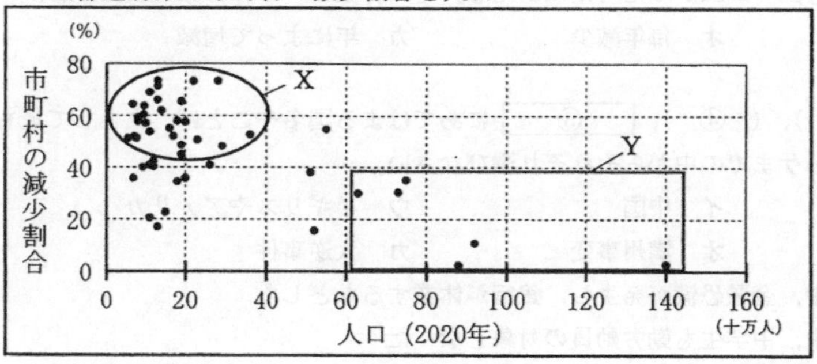

（総務省統計局ウェブページなどをもとに作成）

（注）「市町村の減少割合」＝（「1999年の市町村数」－「2010年の市町村数」）÷「1999年の市町村数」

Ⅱ　４県の人口等

県名	P （%）	Q （%）	人口 （十万人）	米の産出額 （億円）	海面養殖業 収穫量（t）
A	37.2	66.6	9.6	1 126	166
B	32.1	69.3	5.5	151	1 335
C	27.9	77.6	62.8	689	5 702
D	25.3	78.1	92.4	33	946
全国	28.4	72.5			

（「データでみる県勢　2022年版」をもとに作成）

Ⅲ　鳥取県の取組の一部

ＳＤＧｓのゴール（アイコン）	ＳＤＧｓのゴール達成のため向上を目指す指標
Z	製造品出荷額等　就職決定者数 有給休暇取得率　観光入込客数

（注）「観光入込客数」は，日常生活圏以外の場所へ旅行し，そこでの滞在が報酬を得ることを目的としない者の人数を示している。

（「鳥取県令和新時代創生戦略」をもとに作成）

Ⅳ　ハザードマップ（津波）

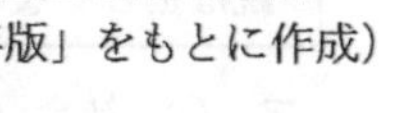

（国土交通省ハザードマップポータルサイトをもとに作成）

令和５年学力検査

全　日　制　課　程

第４時限問題

理　　　科

検査時間　13時15分から14時00分まで

「解答始め」という指示があるまで，次の注意をよく読みなさい。

注　　意

(1) 解答用紙は，この問題用紙とは別になっています。

(2) 「解答始め」という指示で，すぐこの表紙に受検番号を書きなさい。続いて，解答用紙に氏名と受検番号を書き，受検番号についてはマーク欄も塗りつぶしなさい。

(3) 問題は(1)ページから(10)ページまであります。表紙の裏と(10)ページの次からは白紙になっています。受検番号を記入したあと，問題の各ページを確かめ，不備のある場合は手をあげて申し出なさい。

(4) 余白や白紙のページは，計算などに使ってもよろしい。

(5) 答えは全て解答用紙のマーク欄を塗りつぶしなさい。

(6) 印刷の文字が不鮮明なときは，手をあげて質問してもよろしい。

(7) 「解答やめ」という指示で，解答することをやめ，解答用紙と問題用紙を別々にして机の上に置きなさい。

受検番号	第　　　　　　番

理　科

1 次の(1)，(2)の問いに答えなさい。

(1) 日本のある地点において，ある日の午後７時に北の空を観察したところ，恒星**X**と北極星が**図**のように観察できた。同じ地点で毎日午後７時に恒星**X**を観察したところ，恒星**X**の位置は少しずつ変化した。次の文章は，１か月後の恒星**X**の位置について説明したものである。文章中の（　Ⅰ　）と（　Ⅱ　）のそれぞれにあてはまる語の組み合わせとして最も適当なものを，下の**ア**から**ク**までの中から選びなさい。

図

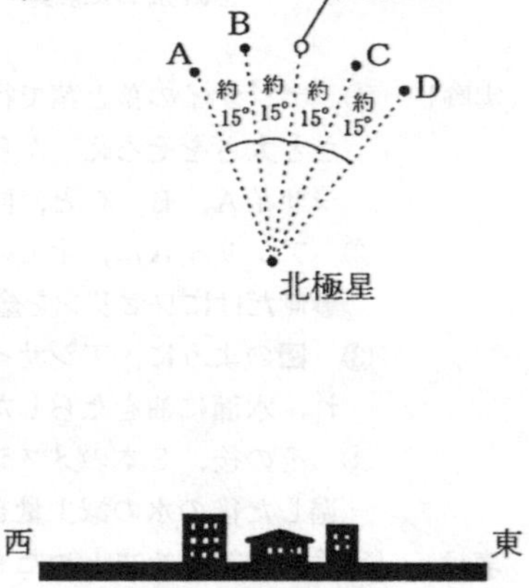

> １か月後の午後７時に恒星**X**は，（　Ⅰ　）の位置に見えた。同じ時刻に観測したとき，恒星の見られる位置が少しずつ移動するのは，地球が（　Ⅱ　）しているからである。

ア　Ⅰ　A，　Ⅱ　公転　　**イ**　Ⅰ　A，　Ⅱ　自転　　**ウ**　Ⅰ　B，　Ⅱ　公転
エ　Ⅰ　B，　Ⅱ　自転　　**オ**　Ⅰ　C，　Ⅱ　公転　　**カ**　Ⅰ　C，　Ⅱ　自転
キ　Ⅰ　D，　Ⅱ　公転　　**ク**　Ⅰ　D，　Ⅱ　自転

(2) 物質の状態変化について説明した次の文章について，（　Ⅰ　）と（　Ⅱ　）のそれぞれにあてはまる語の組み合わせとして最も適当なものを，下の**ア**から**エ**までの中から選びなさい。

> 多くの物質は温度を下げていくと，気体から液体，そして固体へと状態が変わる。一般的に，物質の温度が下がることによって，物質の（　Ⅰ　）が減少し，密度は大きくなる。
> このような物質の例として，エタノールがあげられる。エタノールの液体の中に，温度を下げて固体にしたエタノールを入れると，固体のエタノールは（　Ⅱ　）。

ア　Ⅰ　質量，　Ⅱ　浮く　　**イ**　Ⅰ　質量，　Ⅱ　沈む
ウ　Ⅰ　体積，　Ⅱ　浮く　　**エ**　Ⅰ　体積，　Ⅱ　沈む

2 アジサイの根，茎，葉のつくりとそのはたらきを調べるため，次の〔観察〕と〔実験〕を行った。

〔観察〕 ① アジサイの葉の裏側から表皮をはがして，プレパラートをつくった。

② 10倍の接眼レンズと10倍の対物レンズをとりつけた顕微鏡を用いて，①のプレパラートを観察した。

〔実験〕 ① アジサイの葉と茎で行われている蒸散の量を調べるため，葉の数と大きさ，茎の長さと太さをそろえ，からだ全体から蒸散する水の量が同じになるようにした３本のアジサイA，B，Cと，同じ形で同じ大きさの３本のメスシリンダーを用意した。

② アジサイAは，全ての葉の表側だけにワセリンを塗り，アジサイBは，全ての葉の裏側だけにワセリンを塗った。また，アジサイCは，ワセリンをどこにも塗らなかった。

③ **図**のように，アジサイA，B，Cを，水が同量入ったメスシリンダーにそれぞれ入れ，水面に油をたらした。

④ その後，３本のメスシリンダーを明るく風通しのよい場所に置き，一定の時間が経過した後の水の減少量を調べた。

表は，〔実験〕の結果をまとめたものである。

なお，ワセリンは，水や水蒸気を通さないものとし，葉の表側と裏側に塗ったワセリンは，塗らなかった部分の蒸散に影響を与えないものとする。また，メスシリンダー内の水の減少量は，アジサイの蒸散量と等しいものとする。

図

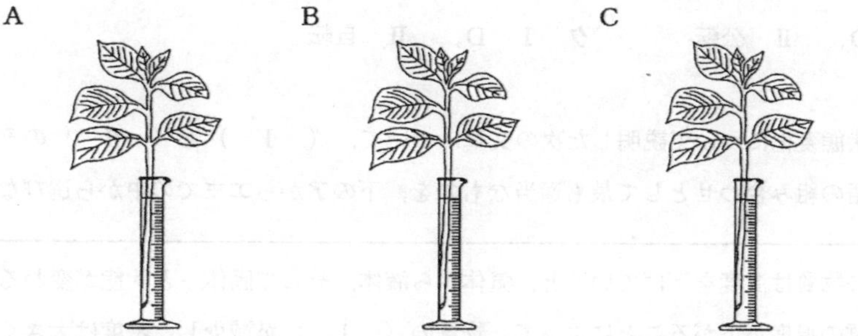

全ての葉の表側だけにワセリンを塗った。

全ての葉の裏側だけにワセリンを塗った。

ワセリンをどこにも塗らなかった。

表

アジサイ	水の減少量〔cm^3〕
A	26.2
B	20.2
C	36.2

次の(1)から(4)までの問いに答えなさい。

(1) アジサイは双子葉類の植物である。双子葉類の茎の断面と根のつくりの特徴を表した図としてそれぞれ正しいものはどれか。最も適当な組み合わせを，下の**ア**から**エ**までの中から選びなさい。

【茎の断面】　　　　　　　　　　　　　　　【根のつくり】

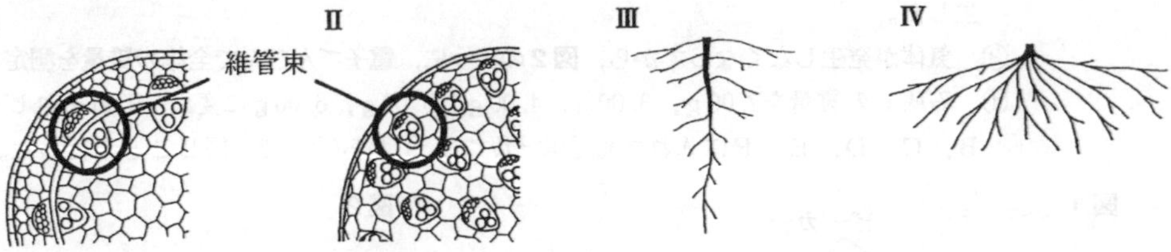

ア　Ⅰ，Ⅲ　　**イ**　Ⅰ，Ⅳ　　**ウ**　Ⅱ，Ⅲ　　**エ**　Ⅱ，Ⅳ

(2) 〔観察〕の②では気孔が観察できた。その後，接眼レンズの倍率はかえずに，対物レンズだけを40倍にかえて顕微鏡で観察した。次の文は，このときの視野の中に見える気孔の数と，視野の明るさについて述べたものである。文中の（　Ⅰ　）と（　Ⅱ　）のそれぞれにあてはまる語の組み合わせとして最も適当なものを，下の**ア**から**カ**までの中から選びなさい。

> 〔観察〕の②のときと比べて，視野の中に見える気孔の数は（　Ⅰ　），視野の明るさは（　Ⅱ　）。

ア　Ⅰ　増え，Ⅱ　明るくなる　　**イ**　Ⅰ　増え，Ⅱ　暗くなる
ウ　Ⅰ　増え，Ⅱ　変わらない　　**エ**　Ⅰ　減り，Ⅱ　明るくなる
オ　Ⅰ　減り，Ⅱ　暗くなる　　**カ**　Ⅰ　減り，Ⅱ　変わらない

(3) 次の文章は，〔実験〕の結果について述べたものである。文章中の（　Ⅰ　）と（　Ⅱ　）にあてはまる語句として最も適当なものを，下の**ア**から**カ**までの中からそれぞれ選びなさい。

> 〔実験〕の結果では，葉の表側よりも裏側からの蒸散量が多いことが，（　Ⅰ　）ことからわかる。また，葉以外の部分からも蒸散が起こっていることが，（　Ⅱ　）ことからわかる。

ア　Aの水の減少量が，Bの水の減少量より大きい
イ　Bの水の減少量が，Cの水の減少量より小さい
ウ　Cの水の減少量が，Aの水の減少量より大きい
エ　Aの水の減少量が，Cの水の減少量からBの水の減少量を引いたものより大きい
オ　Bの水の減少量が，Aの水の減少量からBの水の減少量を引いたものより小さい
カ　Cの水の減少量が，Aの水の減少量からBの水の減少量を引いたものより大きい

(4) 〔実験〕で，葉の裏側から蒸散した量は，葉の表側から蒸散した量の何倍か。最も適当なものを，次の**ア**から**ク**までの中から選びなさい。

ア　0.6倍　　**イ**　0.8倍　　**ウ**　1.1倍　　**エ**　1.3倍
オ　1.4倍　　**カ**　1.6倍　　**キ**　1.8倍　　**ク**　2.1倍

3 塩酸の反応について調べるため，次の〔実験〕を行った。

〔実験〕 ① **図1**のように，石灰石（炭酸カルシウム）1.00gをビーカー**A**に，塩酸15cm^3を別のビーカーに入れ，電子てんびんで全体の質量を測定した。

② 次に，①のビーカー**A**に，①の塩酸15cm^3を全て入れて混ぜ合わせると，気体が発生した。

③ 気体が発生しなくなってから，**図2**のように，電子てんびんで全体の質量を測定した。

④ 石灰石の質量を2.00g，3.00g，4.00g，5.00g，6.00gに変え，それぞれビーカー**B**，**C**，**D**，**E**，**F**に入れた場合について，①から③までと同じことを行った。

図1

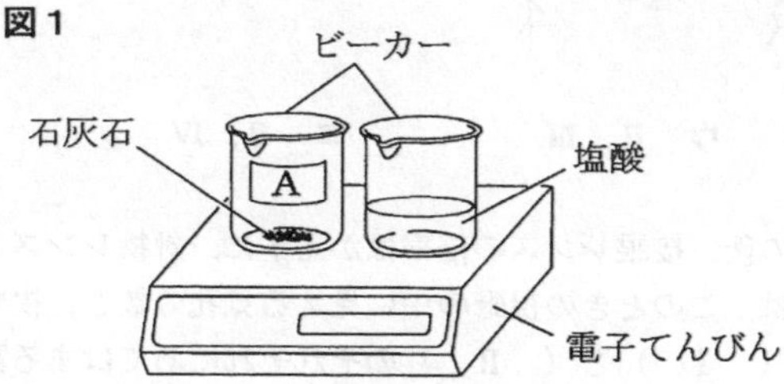

図2

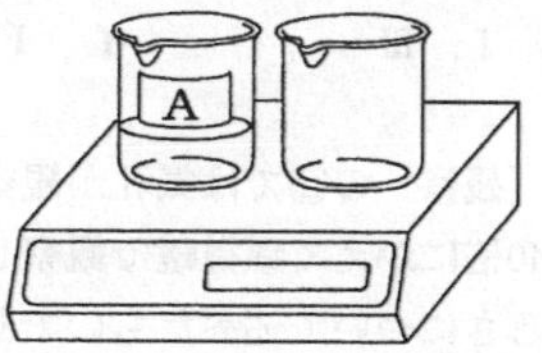

表は，〔実験〕の結果をまとめたものである。

表

ビーカー	A	B	C	D	E	F
石灰石の質量〔g〕	1.00	2.00	3.00	4.00	5.00	6.00
反応前の全体の質量〔g〕	75.00	76.00	77.00	78.00	79.00	80.00
反応後の全体の質量〔g〕	74.56	75.12	75.90	76.90	77.90	78.90

次の(1)から(4)までの問いに答えなさい。

(1) 〔実験〕の反応で発生した気体と同じ気体を発生させる方法として最も適当なものを，次の**ア**から**エ**までの中から選びなさい。

ア 亜鉛にうすい塩酸を加える。
イ 塩化アンモニウムと水酸化カルシウムを混ぜて加熱する。
ウ 塩化銅水溶液を電気分解する。
エ 炭酸水素ナトリウムを加熱する。

(2) 〔実験〕の結果をもとに，質量保存の法則を利用して，発生した気体の質量を求めることができる。次の文は，化学変化の前後で物質全体の質量が変化しないことを説明したものである。文中の（ Ⅰ ）と（ Ⅱ ）のそれぞれにあてはまる語句の組み合わせとして最も適当なものを，下の**ア**から**カ**までの中から選びなさい。

化学変化の前後で，原子の（ Ⅰ ）は変化するが，原子の（ Ⅱ ）は変化しない。

ア Ⅰ 組み合わせ， Ⅱ 体積　　**イ** Ⅰ 組み合わせ， Ⅱ 種類と数
ウ Ⅰ 体積， Ⅱ 組み合わせ　　**エ** Ⅰ 体積， Ⅱ 種類と数
オ Ⅰ 種類と数， Ⅱ 組み合わせ　　**カ** Ⅰ 種類と数， Ⅱ 体積

令和５年学力検査

全　日　制　課　程

第５時限問題

外国語（英語）聞き取り検査

検査時間　14時25分から10分間程度

聞き取り検査は全て放送機器を使って行います。指示があるまで，次の注意をよく読みなさい。

注　意

(1) 解答用紙は，この問題用紙とは別になっています。

(2) 「始め」という指示で，すぐこの表紙に受検番号を書きなさい。続いて，解答用紙に氏名と受検番号を書き，受検番号についてはマーク欄も塗りつぶしなさい。

(3) 「始め」という指示のあと，聞き取り検査が始まるまで，１分あります。(1)ページの「答え方」をよく読みなさい。

(4) 受検番号を記入したあと，各ページを確かめ，不備のある場合は手をあげて申し出なさい。

(5) 答えは全て解答用紙のマーク欄を塗りつぶしなさい。

(6) 印刷の文字が不鮮明なときは，手をあげて質問してもよろしい。

(7) 「やめ」という指示で，解答することをやめ，解答用紙と問題用紙を別々にして机の上に置きなさい。

受検番号	第　　　　　　番

外国語（英語）聞き取り検査

※教英出版注
音声は，解答集の書籍ＩＤ番号を教英出版ウェブサイトで入力して聴くことができます。

指示に従って，聞き取り検査の問題に答えなさい。

「答え方」

問題は第１問と第２問の二つに分かれています。

第１問は，１番から３番までの三つあります。それぞれについて，最初に対話を聞き，続いて，対話についての問いと，それに対する答えを聞きます。そのあと，もう一度，対話と問い，それに対する答えを聞きます。必要があればメモをとってもよろしい。

問いの答えとして正しいものはマーク欄の「正《せい》」の文字を，誤っているものはマーク欄の「誤《ご》」の文字を，それぞれ塗りつぶしなさい。正しいものは，各問いについて一つしかありません。

第２問では，最初に，英語によるスピーチを聞きます。続いて，スピーチについての問いと，それに対する答えを聞きます。問いは問１と問２の二つあります。そのあと，もう一度，スピーチと問い，それに対する答えを聞きます。必要があればメモをとってもよろしい。

問いの答えとして正しいものはマーク欄の「正《せい》」の文字を，誤っているものはマーク欄の「誤《ご》」の文字を，それぞれ塗りつぶしなさい。正しいものは，各問いについて一つしかありません。

令和５年学力検査

全　日　制　課　程

第　5　時限問題

外国語（英語）筆記検査

検査時間　14時50分から15時30分まで

「解答始め」という指示があるまで，次の注意をよく読みなさい。

注　　　　意

(1) 解答用紙は，この問題用紙とは別になっています。

(2) 「解答始め」という指示で，すぐこの表紙に受検番号を書きなさい。続いて，解答用紙に氏名と受検番号を書き，受検番号についてはマーク欄も塗りつぶしなさい。

(3) 問題は(1)ページから(6)ページまであります。(6)ページの次は白紙になっています。受検番号を記入したあと，問題の各ページを確かめ，不備のある場合は手をあげて申し出なさい。

(4) 答えは全て解答用紙のマーク欄を塗りつぶしなさい。

(5) 印刷の文字が不鮮明なときは，手をあげて質問してもよろしい。

(6) 「解答やめ」という指示で，解答することをやめ，解答用紙と問題用紙を別々にして机の上に置きなさい。

受検番号	第　　　　　　　　番

外国語（英語）筆記検査

1　日本に留学中のジェームス（James）と麻美（Asami）が教室で話しています。次の対話が成り立つように，下線部(1)から(3)までのそれぞれにあてはまる最も適当なものを，あとのアからエまでの中から選びなさい。

James: What are you reading?

Asami: I'm reading ____(1)____ about a good behavior of high school students.

James: I see.　What does it say?

Asami: Well, it says a blind person was taking a walk near the school gate with his guide dog one morning, and some students riding bikes ____(2)____.

James: What was the good behavior?

Asami: Please listen to me a little more.　The students found him and his dog, stopped riding their bikes and began to walk so that he could continue walking safely.

James: Wow, so kind!　____(3)____!　I'm sure the students enjoyed the day.

（注）　gate　門　　guide dog　盲導犬

(1)　ア　a recipe book
　　イ　an English dictionary
　　ウ　a weather report
　　エ　a newspaper article

(2)　ア　were about to say "Good morning" in the classroom
　　イ　were closing their way near the gate
　　ウ　were about to pass in front of them at the gate
　　エ　were listening to music near the gate

(3)　ア　What a kind dog
　　イ　What a wonderful morning
　　ウ　What a new high school
　　エ　What a nice bike

2　オーストラリアに留学中のある生徒が，次の[天気予報]を見て，[週末の予定]をホストファミリーに伝えようとしています。あとの(1)，(2)の問いに答えなさい。

[天気予報]

Saturday, 25 March

Time	6	9	12	15	18	21
Weather	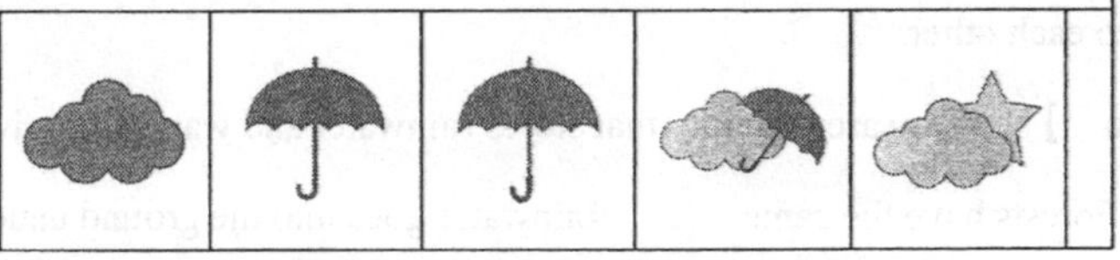					

Sunday, 26 March

Time	6	9	12	15	18	21
Weather	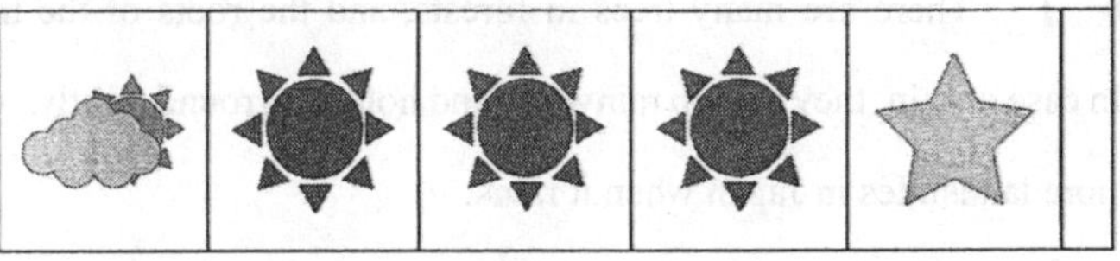					

[週末の予定]

> ___①___ I was planning to go to the Blue Mountains with my friends on Saturday, ___②___ and decided to go there on Sunday.　On Saturday, it'll be rainy, so I'm going to watch DVDs at home.　Also, I'm going to walk our dog on ___③___, because I'll be busy the next day.

(1)　下線部①，②にあてはまる語句の組み合わせとして最も適当なものを，次のアからエまでの中から選びなさい。

ア　① Though　② we changed our plan　　イ　① Though　② we took our umbrellas

ウ　① Because　② we changed our plan　　エ　① Because　② we took our umbrellas

(2)　下線部③にあてはまるように，次のアからキまでの語句の中から六つを選んで正しく並べ替えるとき，１番目，３番目，５番目にくるものをそれぞれ選びなさい。

ア　rain　　イ　it　　ウ　before　　エ　to

オ　starts　　カ　Saturday morning　　キ　Sunday morning

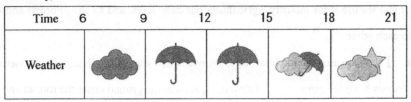

3 次の文章を読んで，あとの(1)から(5)までの問いに答えなさい。

For many people living in Japan, it is easy to get water. But have you (**A**) where water comes from? It comes from forests, and they are about two-thirds of Japan's land. Forests release water and we use it for industry, agriculture, our daily lives, and so on. Forests and water are related to each other.

【 **a** 】 They are a facility that stores rainwater and water from rivers and releases water any time. Forests have the same role. Rainwater goes into the ground under the forests and turns into clean water through the ground. The ground keeps the water as groundwater and it goes out into the rivers slowly.

【 **b** 】 There are many trees in forests, and the roots of the trees go down into the ground. In case of rain, they absorb rainwater and hold the ground tightly. Without forests, there would be more landslides in Japan when it rains.

【 **c** 】 One of the main causes of it is carbon dioxide. Scientists say that the amount of carbon dioxide in the air is getting larger and larger. The Earth is getting warmer and warmer. Trees absorb carbon dioxide and release oxygen while they are growing. They store carbon dioxide inside for years. The same is true for wood which is cut from a tree. So using even a piece of wood is important to protect the environment.

Could you imagine your life without forests? If there were no forests, you would have to worry about more landslides and environmental problems in the future. It would be more difficult to get water. Forests release water for your daily life. You should remember that many forests are protected by forestry. Forestry keeps the forests safe by repeating the cycle, such as growing, cutting, using and planting trees again, in 50-100 years. Forestry is a sustainable industry.

（注） agriculture 農業　groundwater 地下水　root 根　absorb～ ～を吸収する
cause 原因　forestry 林業　repeat a cycle 循環を繰り返す　grow～ ～を育てる
plant～ ～を植える

(1) 文章中の(**A**)にあてはまる最も適当な語を，次のアからエまでの中から選びなさい。

ア had　　イ finished　　ウ wondered　　エ been

(2) 次のアからウまでの英文を，文章中の【 **a** 】から【 **c** 】までのそれぞれにあてはめて文章が成り立つようにするとき，【 **b** 】にあてはまる最も適当なものを選びなさい。

ア Forests keep the land safe.
イ Forests are like dams.
ウ Forests stop global warming.

Mr. Baker: Good morning, Ms. Green. I borrowed these two books from your library and finished reading them in two days. Can I borrow another?

Ms. Green: Of course. You can borrow ten books.

Question: What is true about this conversation?

a They have finished reading all of the books that can be borrowed.

b They are talking about the number of books that can be borrowed.

c Ms. Green needs to return her books to borrow other books.

d Mr. Baker will finish reading books in two days.

それでは，もう一度聞きます。（対話と問い，それに対する答えを繰り返す。）

第２問。

第２問では，最初に，英語によるスピーチを聞きます。続いて，スピーチについての問いと，それに対する答えを聞きます。問いは問１と問２の二つあります。そのあと，もう一度，スピーチと問い，それに対する答えを聞きます。必要があればメモをとってもよろしい。

問いの答えとして正しいものはマーク欄の「正《せい》」の文字を，誤っているものはマーク欄の「誤《ご》」の文字を，それぞれ塗りつぶしなさい。正しいものは，各問いについて一つしかありません。それでは，聞きます。

（第２問）

Hello, I'm Kota. About five years ago, I began to study English at school. At that time, I was too shy to speak English. Last month, an old man asked me the way to City Hall in English. At first I felt nervous, but I was very satisfied when I could show the way. Then I decided to study English harder. Thank you.

問１ What happened last month?

a Kota went to school with the old man.

b Kota asked the way to City Hall in English.

c Kota began to study English for the first time.

d Kota showed the old man the way to City Hall.

問２ What is the best title of this speech?

a Why I was shy at school

b My English about five years ago

c Why I study English hard

d The way to study English

それでは，もう一度聞きます。（スピーチと問い，それに対する答えを繰り返す。）

それでは，「やめ」の指示があるまで見直してください。時間は１分程度です。（１分程度）

「やめ」。これで，聞き取り検査を終わります。

監督者は，聞き取り検査の解答用紙を回収してください。

受検者は，そのまま静かに待機しなさい。

※教英出版注
音声は，解答集の書籍ＩＤ番号を教英出版ウェブサイトで入力して聴くことができます。

語

氏　名	

受検番号				
⓪	⓪	⓪	⓪	⓪
①	①	①	①	①
②	②	②	②	②
③	③	③	③	③
④	④	④	④	④
⑤	⑤	⑤	⑤	⑤
⑥	⑥	⑥	⑥	⑥
⑦	⑦	⑦	⑦	⑦
⑧	⑧	⑧	⑧	⑧
⑨	⑨	⑨	⑨	⑨

※22点満点

ツ	●うすい

点　(五)２点　(六)２点

㋔ ㋕
㋔ ㋕
㋔
㋔

㋔ ㋕

氏　名

受検番号				
⓪	⓪	⓪	⓪	⓪
①	①	①	①	①
②	②	②	②	②
③	③	③	③	③
④	④	④	④	④
⑤	⑤	⑤	⑤	⑤
⑥	⑥	⑥	⑥	⑥
⑦	⑦	⑦	⑦	⑦
⑧	⑧	⑧	⑧	⑧
⑨	⑨	⑨	⑨	⑨

※22点満点

ツ	●うすい

点　((1)は１つ正解で１点)

オ					
オ	カ	キ	ク	ケ	コ
オ	カ	キ	ク	ケ	コ
オ					
オ					

１点×５　((1)，(2)①，(3)①，②は完答)

3	(1)		ア	⓪	①	②	③	④	⑤	⑥	⑦	⑧	⑨
			イ	⓪	①	②	③	④	⑤	⑥	⑦	⑧	⑨
	(2)	①	ア	⓪	①	②	③	④	⑤	⑥	⑦	⑧	⑨
			イ	⓪	①	②	③	④	⑤	⑥	⑦	⑧	⑨
		②	ウ	⓪	①	②	③	④	⑤	⑥	⑦	⑧	⑨
	(3)	①	ア	⓪	①	②	③	④	⑤	⑥	⑦	⑧	⑨
			イ	⓪	①	②	③	④	⑤	⑥	⑦	⑧	⑨
		②	ウ	⓪	①	②	③	④	⑤	⑥	⑦	⑧	⑨
			エ	⓪	①	②	③	④	⑤	⑥	⑦	⑧	⑨

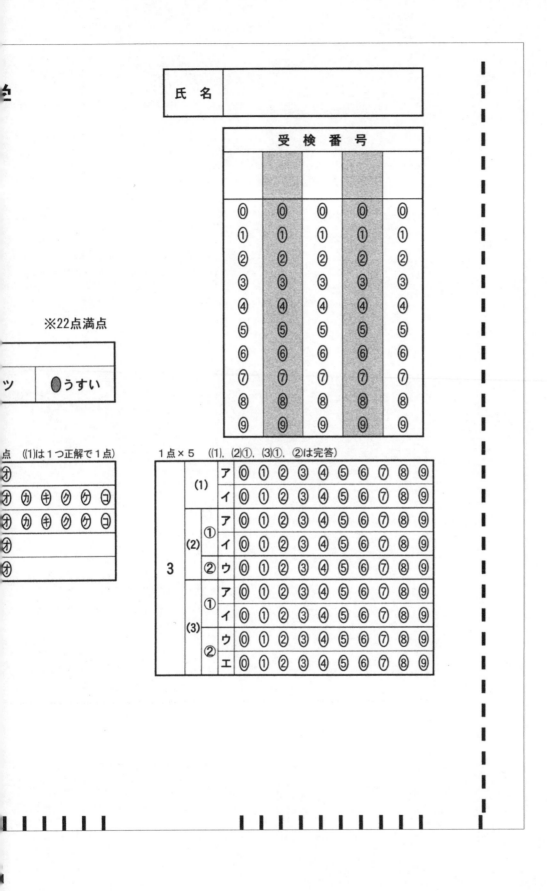

氏　名	

受　検　番　号				
⓪	⓪	⓪	⓪	⓪
①	①	①	①	①
②	②	②	②	②
③	③	③	③	③
④	④	④	④	④
⑤	⑤	⑤	⑤	⑤
⑥	⑥	⑥	⑥	⑥
⑦	⑦	⑦	⑦	⑦
⑧	⑧	⑧	⑧	⑧
⑨	⑨	⑨	⑨	⑨

※22点満点

ツ	うすい

㋔ ㋕

㋔ ㋕

⑴完答１点　⑵完答１点　⑶完答２点　⑷完答１点　⑸１点　⑹１点

5	(1)	①	㋐ ㋑ ㋒ ㋓ ㋔ ㋕ ㋖ ㋗
		②	㋐ ㋑ ㋒ ㋓ ㋔ ㋕ ㋖ ㋗
	(2)		㋐ ㋑ ㋒ ㋓ ㋔
	(3)	③	㋐ ㋑ ㋒ ㋓ ㋔ ㋕ ㋖
		④	㋐ ㋑ ㋒ ㋓ ㋔ ㋕ ㋖
		⑤	㋐ ㋑ ㋒ ㋓ ㋔ ㋕ ㋖
	(4)	⑥	㋐ ㋑ ㋒ ㋓ ㋔ ㋕ ㋖
		⑦	㋐ ㋑ ㋒ ㋓ ㋔ ㋕ ㋖
	(5)		㋐ ㋑ ㋒ ㋓
	(6)		㋐ ㋑ ㋒ ㋓

斗

氏　名	

受　検　番　号				
⓪	⓪	⓪	⓪	⓪
①	①	①	①	①
②	②	②	②	②
③	③	③	③	③
④	④	④	④	④
⑤	⑤	⑤	⑤	⑤
⑥	⑥	⑥	⑥	⑥
⑦	⑦	⑦	⑦	⑦
⑧	⑧	⑧	⑧	⑧
⑨	⑨	⑨	⑨	⑨

※22点満点

ツ	●うすい

点

オ　カ
オ　カ

点

オ　カ　キ　ク　ケ　コ
オ　カ　キ　ク　ケ　コ
オ　カ
オ　カ

１点×４　（(4)は完答）

5	（１）		ア　イ　ウ　エ
	（２）		ア　イ　ウ　エ
	（３）		ア　イ　ウ　エ　オ　カ　キ　ク　ケ
	（４）	Ⅰ	ア　イ　ウ
		Ⅱ	ア　イ　ウ　エ
		Ⅲ	ア　イ　ウ

１点×２　（(1)は完答）

6	（１）	Ⅰ	ア　イ　ウ　エ　オ　カ
		Ⅱ	ア　イ　ウ　エ　オ　カ
	（２）		ア　イ　ウ　エ　オ　カ　キ　ク　ケ　コ

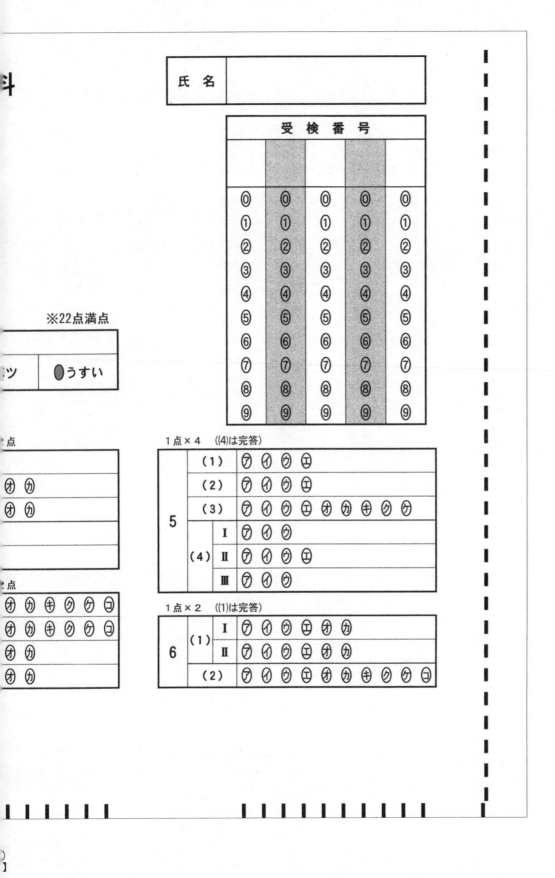

(英語)

氏　名	

受検番号				
⓪	⓪	⓪	⓪	⓪
①	①	①	①	①
②	②	②	②	②
③	③	③	③	③
④	④	④	④	④
⑤	⑤	⑤	⑤	⑤
⑥	⑥	⑥	⑥	⑥
⑦	⑦	⑦	⑦	⑦
⑧	⑧	⑧	⑧	⑧
⑨	⑨	⑨	⑨	⑨

と合わせて22点満点

バツ	うすい

誤
誤
誤
誤
誤
誤
誤
誤

令和５年学力検査　解答用紙　第５時限　外国

筆記検査

【解答上の注意】

1　ＨＢ以上の濃さの黒鉛筆（シャープペンシルも可）を使用すること。
2　マーク欄は、下の例を参考にして塗りつぶすこと。
3　訂正する場合は、消しゴムできれいに消し、消しくずを残さないこと。
4　解答用紙は、汚したり、折り曲げたりしないこと。

※聞き取

良い例
●

悪い例			
⊙小さい	上だけ	線	丸囲み

１点×３

1	（1）	㋐ ㋑ ㋒ ㋓
	（2）	㋐ ㋑ ㋒ ㋓
	（3）	㋐ ㋑ ㋒ ㋓

１点×２　((2)は完答)

2	（1）		㋐ ㋑ ㋒ ㋓
	（2）	1番目	㋐ ㋑ ㋒ ㋓ ㋔ ㋕ ㋖
		3番目	㋐ ㋑ ㋒ ㋓ ㋔ ㋕ ㋖
		5番目	㋐ ㋑ ㋒ ㋓ ㋔ ㋕ ㋖

１点×５　((5)は完答)

3	（1）		㋐ ㋑
	（2）		㋐ ㋑
	（3）		㋐ ㋑
	（4）		㋐ ㋑
	（5）	①	㋐ ㋑
		②	㋐ ㋑

(1)１点×３　(2)１点　(3)１

4	（1）	①	㋐ ㋑
		②	㋐ ㋑
		③	㋐ ㋑
	（2）		㋐ ㋑
	（3）		㋐ ㋑
	（4）		㋐ ㋑

(英語)

氏　名	

受　検　番　号				
⓪	⓪	⓪	⓪	⓪
①	①	①	①	①
②	②	②	②	②
③	③	③	③	③
④	④	④	④	④
⑤	⑤	⑤	⑤	⑤
⑥	⑥	⑥	⑥	⑥
⑦	⑦	⑦	⑦	⑦
⑧	⑧	⑧	⑧	⑧
⑨	⑨	⑨	⑨	⑨

と合わせて22点満点

バツ	●うすい

2点　((4)は１つ正解で１点)

㋔ ㋕

令和５年学力検査　解答用紙　**第５時限　外国**

聞き取り検査

【解答上の注意】

1　ＨＢ以上の濃さの黒鉛筆（シャープペンシルも可）を使用すること。

2　マーク欄は、下の例を参考にして塗りつぶすこと。

3　訂正する場合は、消しゴムできれいに消し、消しくずを残さないこと。

4　解答用紙は、汚したり、折り曲げたりしないこと。

※筆

良い例
●

悪い例			
⊙小さい	◓上だけ	⦶線	◯丸囲み

第１問　１点×３

１番	a	正	誤
	b	正	誤
	c	正	誤
	d	正	誤
２番	a	正	誤
	b	正	誤
	c	正	誤
	d	正	誤
３番	a	正	誤
	b	正	誤
	c	正	誤
	d	正	誤

第２問　１点×２

問１	a
	b
	c
	d
問２	a
	b
	c
	d

令和５年学力検査　解答用紙　第４時限　理

【解答上の注意】

1　ＨＢ以上の濃さの黒鉛筆(シャープペンシルも可)を使用すること。
2　マーク欄は、下の例を参考にして塗りつぶすこと。
3　訂正する場合は、消しゴムできれいに消し、消しくずを残さないこと。
4　解答用紙は、汚したり、折り曲げたりしないこと。

良い例
●

悪い例			
⊙小さい	上だけ	線	丸囲み

1点×２

1	(1)	㋐ ㋑ ㋒ ㋓ ㋔ ㋕ ㋖ ㋗
	(2)	㋐ ㋑ ㋒ ㋓

1点×４　((3)は完答)

2	(1)		㋐ ㋑ ㋒ ㋓
	(2)		㋐ ㋑ ㋒ ㋓ ㋔ ㋕
	(3)	Ⅰ	㋐ ㋑ ㋒ ㋓ ㋔ ㋕
		Ⅱ	㋐ ㋑ ㋒ ㋓ ㋔ ㋕
	(4)		㋐ ㋑ ㋒ ㋓ ㋔ ㋕ ㋖ ㋗

(1)１点　(2)１点　(3)１点

3	(1)		㋐ ㋑
	(2)		㋐ ㋑
	(3)		㋐ ㋑
	(4)	説明文	㋐ ㋑
		グラフ	ⓐ ⓑ

(1)１点　(2)１点　(3)１点

4	(1)	㋐ ㋑
	(2)	㋐ ㋑
	(3)	㋐ ㋑
	(4)	㋐ ㋑

令和５年学力検査　解答用紙　第３時限　社

【解答上の注意】

1　ＨＢ以上の濃さの黒鉛筆（シャープペンシルも可）を使用すること。
2　マーク欄は、下の例を参考にして塗りつぶすこと。
3　訂正する場合は、消しゴムできれいに消し、消しくずを残さないこと。
4　解答用紙は、汚したり、折り曲げたりしないこと。

良い例
●

悪い例			
⊙小さい	上だけ	線	丸囲み

１点×３　（(1)は完答）

1	(1)	①	㋐ ㋑ ㋒ ㋓ ㋔ ㋕ ㋖
		②	㋐ ㋑ ㋒ ㋓ ㋔ ㋕ ㋖
	(2)		㋐ ㋑ ㋒ ㋓
	(3)		㋐ ㋑ ㋒ ㋓

(1)完答１点　(2)２点　(3)１点　(4)１点
（(2)は③，④がともに正解で１点，⑤が正解で１点）

2	(1)	①	㋐ ㋑ ㋒ ㋓ ㋔ ㋕
		②	㋐ ㋑ ㋒ ㋓ ㋔ ㋕
	(2)	③	㋐ ㋑ ㋒ ㋓ ㋔ ㋕ ㋖ ㋗ ㋘
		④	㋐ ㋑ ㋒ ㋓ ㋔ ㋕ ㋖ ㋗ ㋘
		⑤	㋐ ㋑ ㋒ ㋓ ㋔ ㋕ ㋖ ㋗ ㋘
	(3)		㋐ ㋑ ㋒ ㋓ ㋔ ㋕
	(4)		㋐ ㋑ ㋒ ㋓

１点×３　（(1)～(3)は完答）

3	(1)	①	㋐ ㋑
		②	㋐ ㋑
	(2)	Z③	㋐ ㋑
		④	Ⓐ Ⓑ
	(3)	⑤	Ⓐ Ⓑ
		⑥⑦	㋐ ㋑

１点×４

4	(1)	㋐ ㋑
	(2)	㋐ ㋑
	(3)	㋐ ㋑
	(4)	㋐ ㋑

令和５年学力検査　解答用紙　第２時限　数

【解答上の注意】
1　ＨＢ以上の濃さの黒鉛筆（シャープペンシルも可）を使用すること。
2　マーク欄は、下の例を参考にして塗りつぶすこと。
3　訂正する場合は、消しゴムできれいに消し、消しくずを残さないこと。
4　解答用紙は、汚したり、折り曲げたりしないこと。

良い例
●

悪い例			
小さい	上だけ	線	丸囲み

1点×10　(⑽は完答)

1	(1)	㋐ ㋑ ㋒ ㋓
	(2)	㋐ ㋑ ㋒ ㋓
	(3)	㋐ ㋑ ㋒ ㋓
	(4)	㋐ ㋑ ㋒ ㋓
	(5)	㋐ ㋑ ㋒ ㋓
	(6)	㋐ ㋑ ㋒ ㋓
	(7)	㋐ ㋑ ㋒ ㋓
	(8)	㋐ ㋑ ㋒ ㋓
	(9)	㋐ ㋑ ㋒ ㋓
	(10)	㋐ ㋑ ㋒ ㋓

⑴２点　⑵１点×２　⑶①１

2	(1)		㋐ ㋑
	(2)	Ⅰ	㋐ ㋑
		Ⅱ	㋐ ㋑
	(3)	①	㋐ ㋑
		②	㋐ ㋑

令和５年学力検査　解答用紙　第１時限　国

【解答上の注意】

1　ＨＢ以上の濃さの黒鉛筆（シャープペンシルも可）を使用すること。
2　マーク欄は、下の例を参考にして塗りつぶすこと。
3　訂正する場合は、消しゴムできれいに消し、消しくずを残さないこと。
4　解答用紙は、汚したり、折り曲げたりしないこと。

良い例
●

悪い例			
小さい	上だけ	線	丸囲み

㈠１点　㈡１点　㈢２点　㈣１点　㈤２点

一	(一)	㋐ ㋑ ㋒ ㋓
	(二)	㋐ ㋑ ㋒ ㋓
	(三)	㋐ ㋑ ㋒ ㋓ ㋔
	(四)	㋐ ㋑ ㋒ ㋓
	(五)	㋐ ㋑ ㋒ ㋓ ㋔

㈠完答１点　㈡１点　㈢１点

二	(一)	①	㋐ ㋑ ㋒ ㋓
		②	㋐ ㋑ ㋒ ㋓
	(二)		㋐ ㋑ ㋒ ㋓
	(三)		㋐ ㋑ ㋒ ㋓

㈠完答１点　㈡１点　㈢１
(㈤, ㈥は１つ正解で１点)

三	(一)	A	㋐ ㋑
		B	㋐ ㋑
	(二)		㋐ ㋑
	(三)		㋐ ㋑
	(四)		㋐ ㋑
	(五)		㋐ ㋑
	(六)		㋐ ㋑

１点×４　(㈡は完答)

四	(一)	㋐ ㋑
	(二)	㋐ ㋑
	(三)	㋐ ㋑
	(四)	㋐ ㋑

令和５年学力検査　外国語（英語）聞き取り検査の台本　　全日制課程

（聞き取り検査指示）

これから英語の聞き取り検査を行います。「始め」という指示で，すぐこの表紙に受検番号を書きなさい。続いて，解答用紙に氏名と受検番号を書き，受検番号については，マーク欄も塗りつぶしなさい。なお，「始め」という指示のあと，次の指示があるまで１分，時間があります。では，「始め」。（１分）

それでは，聞き取り検査の説明をします。問題は第１問と第２問の二つに分かれています。

第１問。

第１問は，１番から３番までの三つあります。それぞれについて，最初に対話を聞き，続いて，対話についての問いと，それに対する答えを聞きます。そのあと，もう一度，対話と問い，それに対する答えを聞きます。必要があればメモをとってもよろしい。

問いの答えとして正しいものはマーク欄の「正《せい》」の文字を，誤っているものはマーク欄の「誤《ご》」の文字を，それぞれ塗りつぶしなさい。正しいものは，各問いについて一つしかありません。それでは，聞きます。

（第１問）

１番

Clerk: Welcome to The Mall ABC. May I help you?

Woman: Yes, please. I want to buy a new soccer ball. Where can I find one?

Clerk: Certainly. You can find one at the sports shop. It's on the second floor. The stairs by that cafe will take you to the shop soon.

Question: Where are they talking?

a　They are in a soccer stadium.

b　They are in a sports shop.

c　They are in a cafe.

d　They are in a shopping mall.

それでは，もう一度聞きます。（対話と問い，それに対する答えを繰り返す。）

２番

Woman: Hello. This is Midori Station.

Mike: Hello. This is Mike Brown. I think I lost my watch in the station yesterday.

Woman: Oh, that's too bad. What is it like?

Question: What will Mike say next?

a　Shall I help you find it?

b　It's blue and round.

c　No. It sounds interesting.

d　Yes. It's my favorite watch.

それでは，もう一度聞きます。（対話と問い，それに対する答えを繰り返す。）

３番

Ms. Green: Good morning, Mr. Baker.

(3)　文章中では，森林についてどのように述べられているか。最も適当なものを，次のアからエまでの中から選びなさい。

ア　About two-thirds of Japanese forests are related to each other.

イ　Thanks to forests, rainwater turns into water for our daily lives.

ウ　Forests on the Earth release more and more carbon dioxide.

エ　In forests, water you need in daily life is protected by forestry.

(4)　次のアからエまでの中から，その内容が文章中に書かれていることと一致するものを一つ選びなさい。

ア　The trees in the forest make the water for companies, fields and towns.

イ　Rainwater in the dam goes into the ground under the forest.

ウ　In case of rain, the land with no trees can cause more landslides.

エ　Forestry keeps growing, cutting, using and planting the woods again in one year.

(5)　次の［メモ］は，この文章を読んだ生徒が森林などについて調べ，授業のまとめの活動として英語で発表するために作成したものの一部です。下線部①，②のそれぞれにあてはまる最も適当なことばを，あとのアからエまでの中から選びなさい。なお，２か所ある下線部①，②には，それぞれ同じことばがあてはまる。

［メモ］

○ 日本の森林

・人工林･･･森林の約４割，人が使うために育てている森林

・天然林･･･森林の約６割，自然に落ちた種などが成長してできた森林

○ 木の使用

・木製品･･･原材料が＿①＿をたくわえており，使用することが＿②＿につながる。

・木造建築物･･･建設後，何年も＿①＿を閉じ込めておくことができる第２の森林

○ 意見

・木づかい（＝「木を使う」という気づかい）の心が，＿②＿につながる。

① ア　二酸化炭素　イ　酸素　ウ　地下水　エ　雨水

② ア　労働災害の防止　イ　水質汚染の防止　ウ　土砂災害の防止　エ　地球温暖化の防止

4 月曜日の朝，教室でロンドンからの留学生であるデイビッド(David)が太一(Taichi)と話しています。次の対話文を読んで，あとの(1)から(4)までの問いに答えなさい。

David: Hi, Taichi, how was your weekend?

Taichi: I went ＿①＿ a public bath with my family yesterday.

David: A public bath?　What's that?

Taichi: Well, it's a large bath facility for public use.　There're many types of baths, restaurants and a place to read magazines or comic books in the same building.

David: Wow, you and your family spent a lot of time there, didn't you?

Taichi: Yes, we ate dinner after ＿②＿ baths.

David: You had a nice weekend.　(　**A**　), I was bored because I had nothing to do.　Oh, I remember my family trip to Bath last summer.

Taichi: Your family trip to Bath?

David: Yes, Bath is one of the most popular places for tourists in the U.K.　It's about 160 kilometers west of London.　I've heard only Bath in the U.K. has hot springs.　We had a wonderful time there.

Taichi: I see!　My story on the weekend ＿③＿ you of the family trip, right?

David: Exactly!　I learned that Bath had many types of baths about 2,000 years ago.

Taichi: Oh, Bath has a long history.　I want to know more about it.　Well, David, shall we go to the nearest *Bath* by bike next Saturday?

David: Sure!　I want to experience Japanese *Bath*, too!

（注）　Bath　バース（イギリスの都市の名前）

(1)　対話文中の下線部①から③までにあてはまる最も適当な語を，それぞれ次のアからエまでの中から選びなさい。

①	ア　on	イ　by	ウ　to	エ　up
②	ア　using	イ　brushing	ウ　washing	エ　taking
③	ア　found	イ　reminded	ウ　was	エ　bought

(2)　対話文中の(　**A**　)にあてはまる最も適当な語句を，次のアからエまでの中から選びなさい。

ア　From my point of view　　イ　Therefore　　ウ　On the other hand　　エ　In my opinion

(3) デイビッドは，授業で日本のふろについて発表するために，太一から聞いた話と自分が知っていることを次の表のようにまとめました。【　X　】にあてはまる最も適当なものを，あとの**ア**から**エ**までの中から選びなさい。

	A public bath in Japan	Bath in the U.K.
Visitors	families and friends	tourists from the U.K. and overseas
History	【　X　】	about 2,000 years
Other facilities	a restaurant a place for reading	a museum a restaurant

ア　no information, so I'll ask Taichi on Saturday.

イ　no information, so I'll eat lunch with Taichi on Saturday.

ウ　no information, so I'll give Taichi information on Saturday.

エ　no information, so I'll take baths with Taichi on Saturday.

(4) 太一は，インターネットでバースにある博物館のウェブページを検索しました。次の各表はその一部です。それぞれから読み取れることを正しく表している英文を，あとの**ア**から**カ**までの中から二つ選びなさい。

Opening Times

Dates: 1 March 2023 - 31 October 2023 Monday-Sunday 9:00 - 18:00
Dates: 1 November 2023 - 31 December 2023 Monday-Sunday 9:30 - 17:00
Dates: 1 January 2024 - 29 February 2024 Monday-Sunday 9:30 - 18:00

※ Closed on 25 December and 26 December.

Tickets & prices <December 2023>

Ticket type	Weekend	Weekday
Adult (19+)	£ 20.00	£ 17.50
Student (19+)	£ 19.00	£ 16.50
Senior (65+)	£ 19.00	£ 16.50
Child (6-18)	£ 12.50	£ 10.00

※ Visitors can buy tickets until 31 December 2023.

(注) £　ポンド(イギリスの通貨単位)

ア　If Taichi goes to the museum in August, he can stay there for the longest time.

イ　Visitors can enter the museum at 9:00 a.m. in December.

ウ　It is exciting for Taichi to visit the museum on 25 December.

エ　The ticket price on weekdays of the museum will be higher than that on weekends.

オ　Visitors who are 16 years old will pay £ 12.50 or £ 10.00 to enter the museum.

カ　In December, all visitors who are over 19 years old need to pay £ 19.00 on weekends.

(問題はこれで終わりです。)

メモ欄（必要があれば，メモをとってもよろしい。）

(3) 〔実験〕で，石灰石の質量が5.00 gのとき，ビーカーEに，石灰石の一部が反応せずに残っていた。

図3のように，反応後のビーカーEに，反応後のビーカーAの水溶液を混ぜ合わせると，気体が発生した。十分に反応して気体が発生しなくなった後も，ビーカーEには，石灰石の一部が残っていた。このとき残った石灰石を全て反応させるためには，〔実験〕で用いた塩酸を，ビーカーEにさらに少なくとも何cm^3加えればよいか。最も適当なものを，次の**ア**から**カ**までの中から選びなさい。

図3

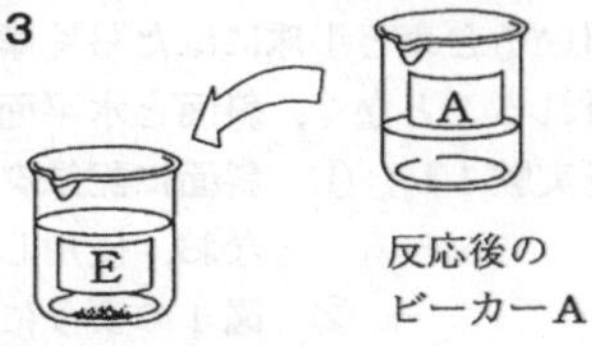

反応後のビーカーAの
水溶液を混ぜ合わせた
反応後のビーカーE

ア　2 cm^3　　**イ**　3 cm^3　　**ウ**　4 cm^3　　**エ**　5 cm^3　　**オ**　6 cm^3　　**カ**　7 cm^3

(4) 〔実験〕で用いた塩酸の２倍の濃さの塩酸を準備し，その塩酸15 cm^3 を用いて〔実験〕と同じことを行った。次の文は，２倍の濃さの塩酸を用いたときの，反応する石灰石の質量と発生した気体の質量について説明したものである。文中の（　Ⅰ　）と（　Ⅱ　）のそれぞれにあてはまる語句の組み合わせとして最も適当なものを，下の**ア**から**エ**までの中から選びなさい。また，このときのグラフとして最も適当なものを，あとの**a**から**d**までの中から選びなさい。

> 〔実験〕で用いた塩酸の２倍の濃さの塩酸15 cm^3 と過不足なくちょうど反応する石灰石の質量は，〔実験〕で用いたもとの濃さの塩酸15 cm^3 と反応した石灰石の質量に対して（　Ⅰ　），また，２倍の濃さの塩酸を用いたときに，反応した石灰石1.00 gあたりで発生する気体の質量は，もとの濃さのときに対して（　Ⅱ　）。

ア　Ⅰ　変わらず，　Ⅱ　変わらない　　　**イ**　Ⅰ　変わらず，　Ⅱ　２倍となる
ウ　Ⅰ　２倍となり，Ⅱ　変わらない　　　**エ**　Ⅰ　２倍となり，Ⅱ　２倍となる

a

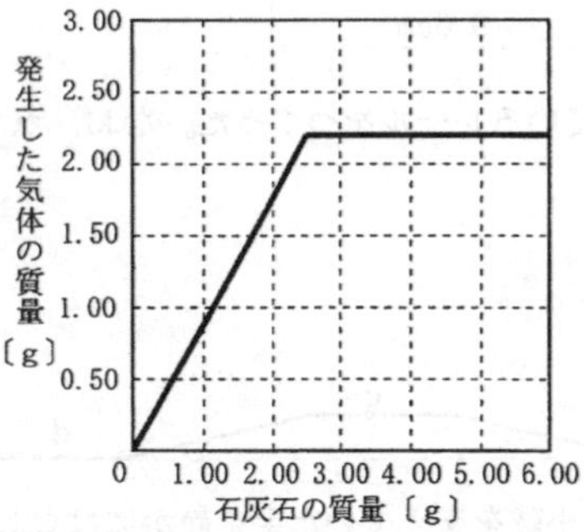

b

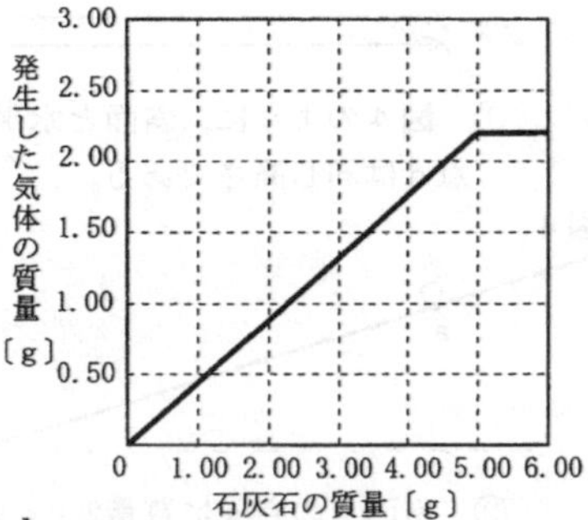

c

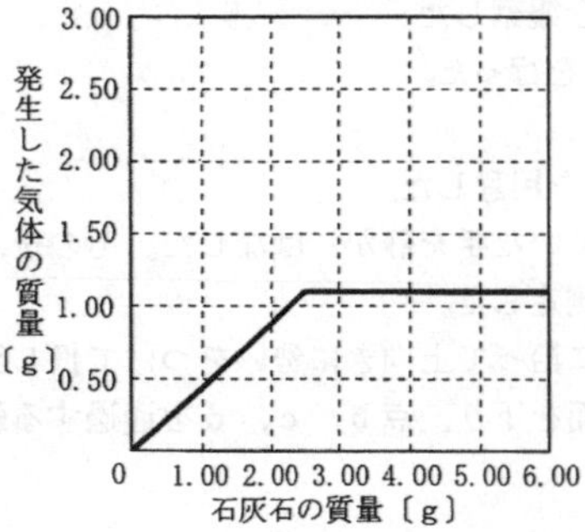

d

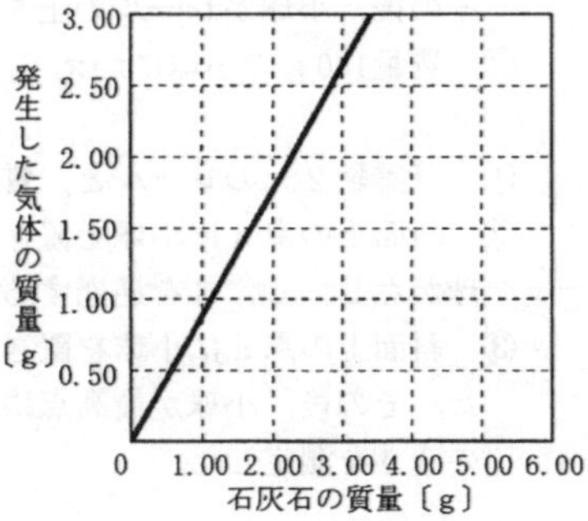

4 物体の運動について調べるため，次の〔実験１〕から〔実験３〕までを行った。ただし，実験に用いる台車と小球にはたらく摩擦力や空気の抵抗は無視でき，小球は運動している間，レールから離れることなく，斜面と水平面がつながる点をなめらかに通過するものとする。

〔実験１〕 ① 斜面に記録タイマーを固定し，紙テープを通した。
なお，使用した記録タイマーは，１秒間に60回，点を打つことができる。
② **図１**のように，斜面に置いた台車が動かないように手で支えながら，①の紙テープがたるまないように台車に固定した。
③ 台車から静かに手をはなし，斜面上の台車の運動を紙テープに記録した。

図１

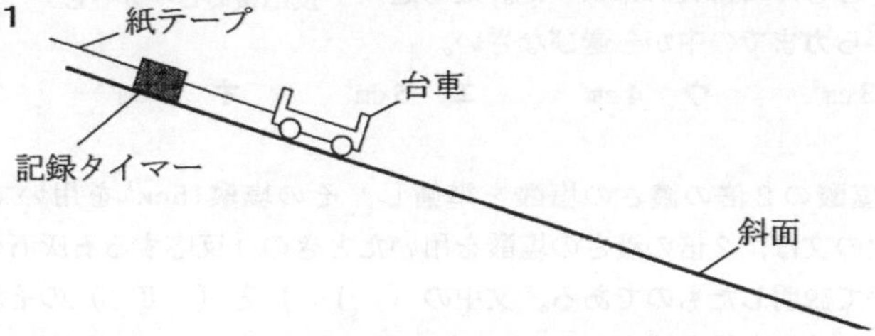

〔実験１〕で用いた紙テープで，**図２**のように打点の重なっていない点を選び，線Oを引いた。また，**図３**のように，〔実験１〕で用いた紙テープに，線Oから６打点ごとに線を引き，線Oに近い線から順に線A，B，C，D，E，Fとした。ただし，**図３**では，記録された打点は省略してある。

図２

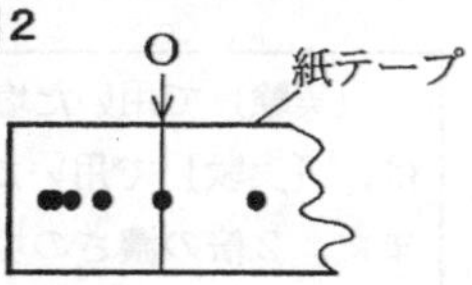

図３

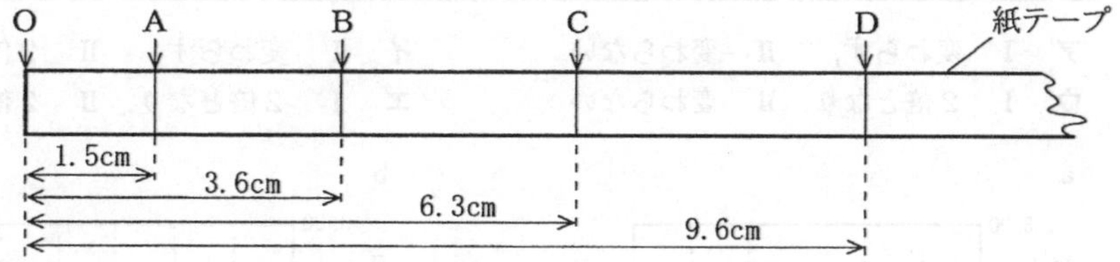

〔実験２〕 ① **図４**のように，斜面と水平面がつながっているレールをつくった。なお，点bと点dは同じ高さである。

図４

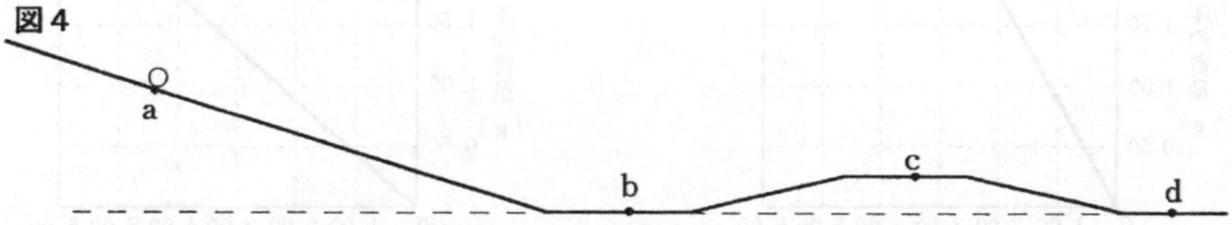

② 斜面上の点aに質量200ｇの小球を置き，小球を支えていた手を静かにはなした。その後，小球がレールの上を移動する運動を観察した。
③ 質量100ｇの小球にかえて，②と同じことを行った。

〔実験３〕 ① 〔実験２〕のレールと，質量200ｇの小球を用意した。
② 斜面上の点aに小球を置き，小球を支えていた手を静かにはなした。その後，小球が点b，c，dを通過する瞬間の速さを測定した。
③ 斜面上の点aに小球を置き，小球を斜面に沿って上向きに勢いをつけて押し出した。その後，小球が最高点に達してから斜面を下り，点b，c，dを通過する瞬間の速さを測定した。

次の(1)から(4)までの問いに答えなさい。

(1) 〔実験１〕で，紙テープの線Ｃから線Ｄの間に記録された区間での台車の平均の速さは何cm/秒か。最も適当なものを，次の**ア**から**コ**までの中から選びなさい。

ア 2.1cm/秒　**イ** 2.4cm/秒　**ウ** 3.3cm/秒　**エ** 6.3cm/秒　**オ** 9.6cm/秒
カ 21cm/秒　**キ** 24cm/秒　**ク** 33cm/秒　**ケ** 63cm/秒　**コ** 96cm/秒

(2) 〔実験１〕で，紙テープの線Ｏと線Ｆの間の距離は何cmか。最も適当なものを，次の**ア**から**コ**までの中から選びなさい。

なお，必要であれば，右のグラフ用紙を用いてよい。

ア 3.9cm　**イ** 4.5cm
ウ 5.1cm　**エ** 11.4cm
オ 13.5cm　**カ** 18.0cm
キ 21.0cm　**ク** 23.1cm
ケ 34.5cm　**コ** 52.5cm

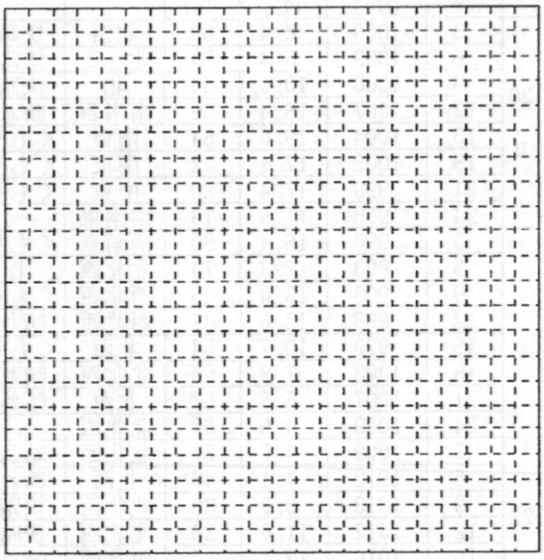

(3) 〔実験２〕において，小球のもつ運動エネルギーが最も大きい瞬間を，次の**ア**から**カ**までの中から選びなさい。

ア ②で点ａで手をはなした瞬間　**イ** ③で点ａで手をはなした瞬間
ウ ②で点ｂを通過する瞬間　**エ** ③で点ｂを通過する瞬間
オ ②で点ｃを通過する瞬間　**カ** ③で点ｃを通過する瞬間

(4) 〔実験３〕について説明した文として正しいものを，次の**ア**から**カ**までの中から二つ選びなさい。

ア ②で，小球が点ｃを通過する瞬間の運動エネルギーと位置エネルギーの和は，点ａで静かに手をはなした瞬間の位置エネルギーと等しい。
イ ②で，小球が点ａから点ｄに移動する間で，最も位置エネルギーが大きくなるのは，小球が点ｂを通過する瞬間である。
ウ ③で，小球が点ａから点ｂに移動する間に，力学的エネルギーは減少する。
エ ②と③で，点ｄを通過する瞬間の小球の速さを比較すると，②の方が速い。
オ ②と③で，点ｄを通過する瞬間の小球の速さを比較すると，③の方が速い。
カ ②と③で，点ｄを通過する瞬間の小球の速さを比較すると，同じ速さである。

5 日本のある地点Pにおいて，ある年の３月20日の３時から，３時間ごとに３日間にわたり，気圧，気温，湿度，風向及び天気を観測した。**表１**は，その観測記録をまとめたものである。**表２**は，乾湿計用湿度表の一部を，**表３**は，それぞれの気温に対する飽和水蒸気量〔g/m³〕を示したものである。

表１

日	時刻〔時〕	気圧〔hPa〕	気温〔℃〕	湿度〔%〕	風向	天気
20日	3	1009	6.4	69	北西	快晴
	6	1009	5.4	74	北北西	快晴
	9	1008	10.0	54	北	快晴
	12	1007	18.4	39	南南西	晴れ
	15	1004	19.0	54	南東	くもり
	18	1002	17.4	72	南東	くもり
	21	999	17.4	80	南東	くもり
	24	996	17.5	79	南南東	—
21日	3	990	16.4	80	南南東	くもり
	6	993	12.3	74	北北西	雨
	9	995	13.0	45	西北西	くもり
	12	998	12.6	47	西北西	晴れ
	15	999	10.7	54	北西	くもり
	18	1003	7.8	56	北北西	晴れ
	21	1007	5.5	67	北西	晴れ
	24	1009	4.6	63	北北西	—
22日	3	1009	4.5	50	北北西	晴れ
	6	1012	4.1	48	北西	晴れ
	9	1013	8.9	38	北北西	快晴
	12	1012	11.8	26	北北西	快晴
	15	1010	12.1	27	西北西	晴れ
	18	1011	10.9	31	西北西	くもり
	21	1011	10.1	38	北北西	くもり
	24	1010	9.9	39	東北東	—

（３月20日から３月22日までの24時の天気は，観測記録がないため示していない。）

表２

乾球の温度〔℃〕	乾球と湿球の温度の差〔℃〕					
	2.5	3.0	3.5	4.0	4.5	5.0
19	76	72	67	63	59	54
18	75	71	66	62	57	53
17	75	70	65	61	56	51
16	74	69	64	59	55	50
15	73	68	63	58	53	48
14	72	67	62	57	51	46
13	71	66	60	55	50	45
12	70	65	59	53	48	43
11	69	63	57	52	46	40
10	68	62	56	50	44	38
9	67	60	54	48	42	36
8	65	59	52	46	39	33
7	64	57	50	43	37	30
6	62	55	48	41	34	27
5	61	53	46	38	31	24
4	59	51	43	35	28	20

表３

気温〔℃〕	飽和水蒸気量〔g/m³〕
−2	4.2
−1	4.5
0	4.8
1	5.2
2	5.6
3	5.9
4	6.4
5	6.8
6	7.3
7	7.8
8	8.3
9	8.8
10	9.4

気温〔℃〕	飽和水蒸気量〔g/m³〕
11	10.0
12	10.7
13	11.4
14	12.1
15	12.8
16	13.6
17	14.5
18	15.4
19	16.3
20	17.3
21	18.3
22	19.4
23	20.6
24	21.8

次の(1)から(4)までの問いに答えなさい。

(1) ３月22日６時の天気を表す天気記号はどれか。最も適当なものを，次の**ア**から**エ**までの中から選びなさい。

ア ○　　**イ** ⦶　　**ウ** ◎　　**エ** ●

(2) ３月20日６時から21日21時までの間に地点Ｐを前線が２回通過した。これらの前線が通過した後，地点Ｐの風向は大きく変わった。地点Ｐを通過した前線について説明した文として最も適当なものを，次の**ア**から**エ**までの中から選びなさい。

ア　３月20日の６時から12時までの間に通過した前線は寒冷前線で，その前線が通過した後に風向は北寄りから南寄りに変わった。

イ　３月20日の６時から12時までの間に通過した前線は温暖前線で，その前線が通過した後に風向は東寄りから西寄りに変わった。

ウ　３月21日の３時から９時までの間に通過した前線は寒冷前線で，その前線が通過した後に風向は南寄りから北寄りに変わった。

エ　３月21日の３時から９時までの間に通過した前線は温暖前線で，その前線が通過した後に風向は西寄りから東寄りに変わった。

(3) 湿度は，乾湿計の乾球及び湿球の示す温度と，**表２**の乾湿計用湿度表を用いて求めることができる。３月21日９時の乾球と湿球の示す温度はそれぞれ何℃か。乾球の示す温度，湿球の示す温度の順に左から並べたものとして最も適当なものを，次の**ア**から**ケ**までの中から選びなさい。

ア　8℃，　8℃　　**イ**　8℃，　13℃　　**ウ**　8℃，　18℃
エ　13℃，　8℃　　**オ**　13℃，　13℃　　**カ**　13℃，　18℃
キ　18℃，　8℃　　**ク**　18℃，　13℃　　**ケ**　18℃，　18℃

(4) **表１**の３月20日９時を時刻Ａ，３月20日15時を時刻Ｂ，３月21日15時を時刻Ｃとする。時刻Ａ，Ｂ，Ｃでは，いずれも湿度が同じ値となっている。次の文章は，時刻Ａ，Ｂ，Ｃの空気の露点について説明したものである。文章中の（　Ⅰ　）には下のⅠの**ア**から**ウ**までの中から，（　Ⅱ　）には下のⅡの**ア**から**エ**までの中から，（　Ⅲ　）には下のⅢの**ア**から**ウ**までの中から，それぞれ最も適当なものを選びなさい。

> 時刻Ａ，Ｂ，Ｃの空気について，それぞれの露点を調べてみると，露点が最も高いのは，時刻（　Ⅰ　）のときであり，そのときの露点は（　Ⅱ　）である。（　Ⅰ　）の空気の露点が最も高い理由は，同じ湿度ならば（　Ⅲ　）ためである。

Ⅰ　**ア**　Ａ　　**イ**　Ｂ　　**ウ**　Ｃ
Ⅱ　**ア**　－1℃　　**イ**　1℃　　**ウ**　7℃　　**エ**　9℃
Ⅲ　**ア**　気温の高い空気の方がより多くの水蒸気を含んでいる
　　イ　気温の低い空気の方がより多くの水蒸気を含んでいる
　　ウ　気温に関わらず空気が含んでいる水蒸気の量は変化しない

6 次の(1)，(2)の問いに答えなさい。

(1) **図**は，ある動物の雌と雄のからだの細胞に含まれる染色体のようすを，それぞれ模式的に表したものである。次の文中の（ Ⅰ ）と（ Ⅱ ）のそれぞれにあてはまる染色体のようすを模式的に表したものとして最も適当なものを，下の**ア**から**カ**までの中から選びなさい。

図

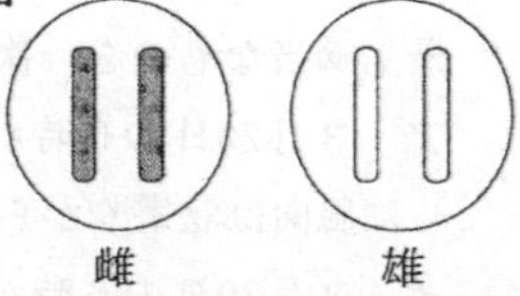

染色体のようすを模式的に表すと，この動物の雄の生殖細胞は（ Ⅰ ）であり，雌と雄の生殖細胞が受精してできた受精卵は（ Ⅱ ）である。

ア　**イ**　**ウ**　**エ**　**オ**　**カ**

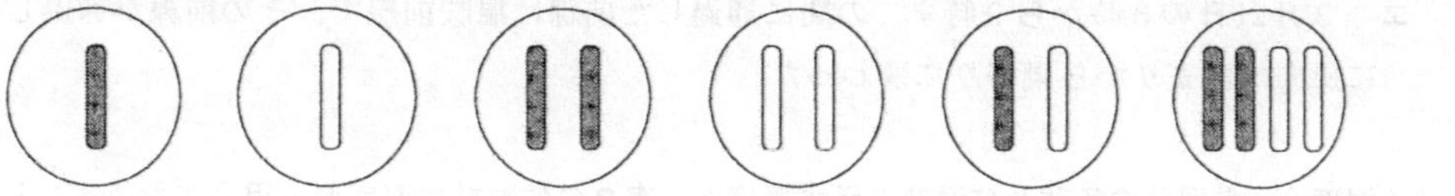

(2) 抵抗の値が異なる２本の電熱線Ａと電熱線Ｂを用いて次の〔実験〕を行った。

〔実験〕 ① 電熱線Ａ，電源装置，電流計及び電圧計を用いて**図１**のような回路をつくり，スイッチを入れてから，電圧の大きさをさまざまな値に変えて，電流計と電圧計の示す値をそれぞれ記録した。

② ①の電熱線Ａを電熱線Ｂに取りかえて①と同じことを行った。

③ 次に，**図２**のように，電熱線Ａと電熱線Ｂを並列に接続し，スイッチを入れてから電圧計の示す値が3.0Ｖになるように電源装置を調節し，電流計の示す値を記録した。

④ さらに，**図３**のように，電熱線Ａと電熱線Ｂを直列に接続し，スイッチを入れてから電圧計の示す値が3.0Ｖになるように電源装置を調節し，電流計の示す値を記録した。

図１

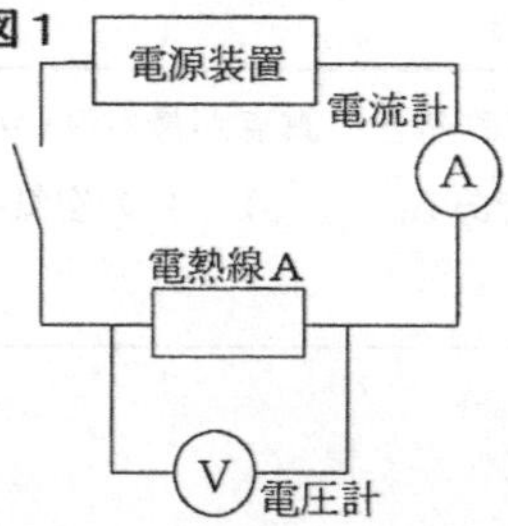

図２

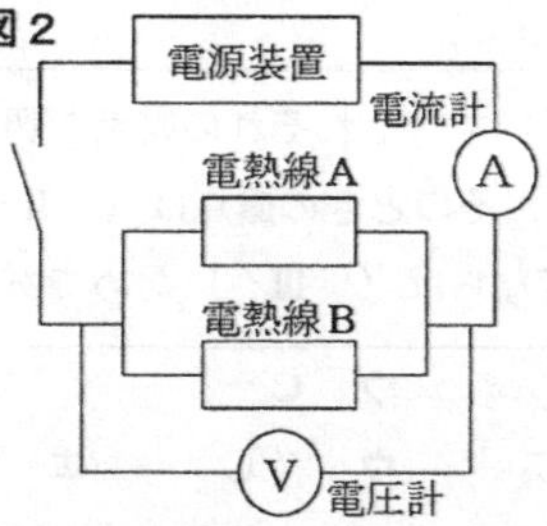

図３

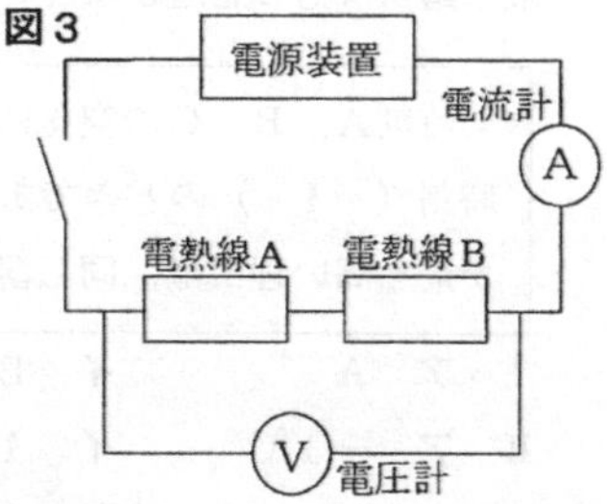

図４は，〔実験〕の①，②で得られた結果をもとに，横軸に電圧計が示す値を，縦軸に電流計が示す値をとり，その関係をグラフに表したものである。

〔実験〕の③で電流計が示す値は，〔実験〕の④で電流計が示す値の何倍か。最も適当なものを，次の**ア**から**コ**までの中から選びなさい。

ア 0.5倍　**イ** 1.0倍　**ウ** 1.5倍　**エ** 2.0倍
オ 2.5倍　**カ** 3.0倍　**キ** 3.5倍　**ク** 4.0倍
ケ 4.5倍　**コ** 5.0倍

図４

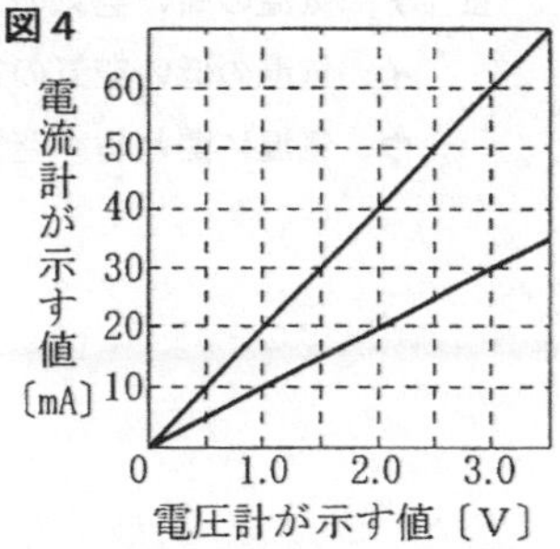

（問題はこれで終わりです。）

(1) 次の文章は，Ⅰ，Ⅱの資料について述べたものである。文章中の ① ，（ ② ）にあてはまる文やことばとして最も適当なものを，下のアからエまでの中からそれぞれ選びなさい。

> Ⅰの資料では，全都道府県の2020年現在の人口と，市町村の減少割合を「•」で示している。X（丸で囲んだ範囲）に含まれる都道府県では，Y（四角で囲んだ範囲）に含まれる都道府県に比べて，市町村合併の進んだ2000年代までに ① と考えられる。
> また，Ⅱの資料は，Ⅰの資料中のX，Yのそれぞれから2県ずつ選び，その4県について，人口等を比較したものである。Ⅱの資料中のPは（ ② ）を示している。

ア　人口が増加し，税収が伸びた市町村が多く，市町村合併の必要性が低かった
イ　人口が減少し，財政状況の悪化する市町村が多く，市町村合併の必要性が高かった
ウ　人口に占める65歳以上の割合
エ　有業者に占める第三次産業の割合

(2) 次の文章は，Ⅲの資料について述べたものである。Ⅲの資料中のZにあてはまるアイコンと，文章中の（ ③ ）にあてはまることばの組み合わせとして最も適当なものを，下の表のアからエまでの中から，また，文章中の（ ④ ）にあてはまる符号として最も適当なものを，Ⅱの資料中のAからDまでの中からそれぞれ選びなさい。

> 鳥取県は，Ⅲの資料のような取組により，持続可能な地域社会の実現を目指しており，資料中の指標の一つを向上させるための具体的な手立てとして，（ ③ ）を推進するなどしている。なお，鳥取県は，Ⅱの資料中の（ ④ ）にあたる。

		ア	イ	ウ	エ
組み合わせ	Z（アイコン）	8 働きがいも 経済成長も	8 働きがいも 経済成長も	12 つくる責任 つかう責任	12 つくる責任 つかう責任
	③	エコツーリズム	工場の海外移転	エコツーリズム	工場の海外移転

※お詫び：著作権上の都合により，イラストは掲載しておりません。教英出版

(3) 次の文章は，Ⅳの資料について述べたものである。文章中の（ ⑤ ）にあてはまる符号として最も適当なものを，Ⅱの資料中のAからDまでの中から，また，文章中の（ ⑥ ），（ ⑦ ）にあてはまることばの組み合わせとして最も適当なものを，下のアからカまでの中からそれぞれ選びなさい。

> Ⅳの資料は，Ⅱの資料中の4県のうち，（ ⑤ ）にある市のハザードマップの一部である。この市は県庁所在地の東方に位置し，太平洋に面している。Ⅳの資料中の塗りつぶされた部分は，津波による浸水想定地域を示しており，aの地点では（ ⑥ ）が，bの地点では（ ⑦ ）が市の指定避難場所となっている。

ア　⑥　津波避難タワー　⑦　想定される津波の高さより標高が高い高台
イ　⑥　津波避難タワー　⑦　海岸までの最短距離が1km以上の施設
ウ　⑥　想定される津波の高さより標高が高い高台　⑦　津波避難タワー
エ　⑥　想定される津波の高さより標高が高い高台　⑦　海岸までの最短距離が1km以上の施設
オ　⑥　海岸までの最短距離が1km以上の施設　⑦　津波避難タワー
カ　⑥　海岸までの最短距離が1km以上の施設　⑦　想定される津波の高さより標高が高い高台

4 次のⅠ，Ⅱ，Ⅲの資料は，生徒がアジア，アフリカ，北アメリカ，ヨーロッパの４州の水資源の利用状況等についてまとめたものの一部である。あとの(1)から(4)までの問いに答えなさい。

なお，Ⅰの資料中のＡ，Ｂ，Ｃはアジア，アフリカ，北アメリカのいずれかであり，Ⅲの資料中のＤ，Ｅ，Ｆは米，大豆，バターのいずれかである。また，Ⅰ，Ⅱの資料中のＸ，Ｙには，それぞれ同じことばがあてはまり，生活用水，農業用水のいずれかである。

Ⅰ　４州の世界の６州に占める面積，人口の割合と州内における分野別水使用量の割合

州名	世界の６州に占める割合（%）		州内における分野別水使用量の割合（%）		
	面積	人口	Ｘ	工業用水	Ｙ
ヨーロッパ	17	10	30	47	23
Ａ	17	8	44	42	14
Ｂ	22	16	79	7	14
Ｃ	24	60	82	9	9

（注）「生活用水」は家庭用水（飲料水，調理，洗濯，風呂，掃除，水洗トイレ等）と都市活動用水（飲食店等の営業用水や公衆トイレ等に用いる公共用水，消火用水等）の合計を示している。

（国土交通省「令和３年版 日本の水資源」などをもとに作成）

Ⅱ　アフリカ，ヨーロッパの２州における一人あたり年間分野別水使用量

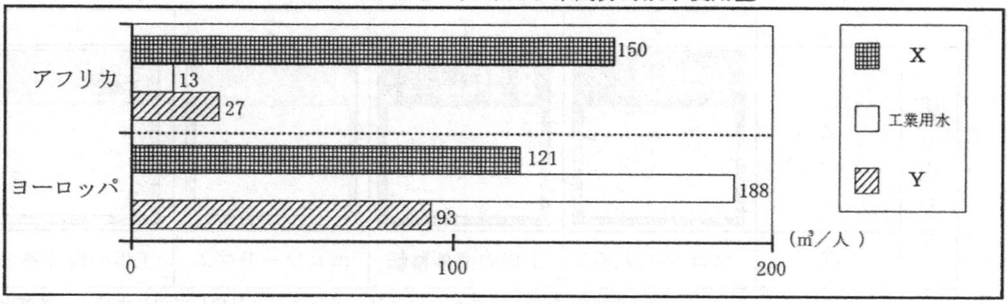

（国土交通省「令和３年版 日本の水資源」などをもとに作成）

Ⅲ　農産物別の生産に必要な水の量等

農産物名	生産に必要な水の量（㎥/ｔ）	日本における自給率（%）	日本の輸入量全体に占める割合（%）			
			アジア	アフリカ	北アメリカ	ヨーロッパ
Ｄ	3 700	97	53	0	47	0
Ｅ	2 500	6	1	0	85	0
Ｆ	13 200	95	0	0	2	37

（注）「生産に必要な水の量」は「バーチャルウォーター」とよばれ，輸入国が，その輸入産品を自国で１ｔ生産したと仮定した場合に推定される水の必要量（㎥）を示している。

（「日本国勢図会　2022/23年版」などをもとに作成）

(1) Ⅰの資料中のA，Bの州名の組み合わせとして最も適当なものを，次のアからカまでの中から選びなさい。

ア　A　アジア　　　B　アフリカ　　　イ　A　アジア　　　B　北アメリカ
ウ　A　アフリカ　　B　アジア　　　　エ　A　アフリカ　　B　北アメリカ
オ　A　北アメリカ　B　アジア　　　　カ　A　北アメリカ　B　アフリカ

(2) 次の文章は，生徒がⅡの資料を用いて作成したレポートの一部である。文章中の（　　）にあてはまることばとして最も適当なものを，下のアからエまでの中から選びなさい。

> アフリカとヨーロッパの２州を比較すると，アフリカの方が一人あたりの（　　）ことからヨーロッパに比べて衛生施設が整備されていない国が多いと考えられる。

ア　生活用水の使用量が多い　　　イ　生活用水の使用量が少ない
ウ　農業用水の使用量が多い　　　エ　農業用水の使用量が少ない

(3) 次の文章は，生徒がⅢの資料について発表するために作成したメモの一部である。文章中の（ ① ），（ ② ）にあてはまることばの組み合わせとして最も適当なものを，下のアからエまでの中から選びなさい。

> 畜産物の生産には家畜の飼料として農作物が必要である。農作物の栽培にも水が必要なことから，Ⅲの資料中の農産物ではバターの生産に必要な水の量が最も（ ① ）なっていると考えられる。また，北アメリカで干ばつや地下水の枯渇など，水資源に関する問題が生じた場合，（ ② ）の方が日本での供給に影響が出る可能性が高いと考えられる。

ア　①　多く　　②　米よりも大豆　　　イ　①　多く　　②　大豆よりも米
ウ　①　少なく　②　米よりも大豆　　　エ　①　少なく　②　大豆よりも米

(4) 次のアからエまでは，４州それぞれの水に関連する風景の写真と，その写真についての説明文である。アからエまでに示された風景が位置する場所を日本との時差の小さい順に並べたとき，２番目になるものを選びなさい。

ア	イ	ウ	エ

ヒマラヤ山脈を源流とする大河のほとりに位置するヒンドゥー教の聖地で，多くの信者が巡礼で訪れる。	本初子午線の西側，イベリア半島に位置する宮殿で，宮殿内には大量の水が引き込まれている。	大陸の西部に位置する峡谷で，ロッキー山脈を源流とするコロラド川の侵食作用により形成された。	大陸の東部，赤道直下に位置する世界第３位の面積をもつ湖で，ナイル川の水源となっている。

5 社会資本の整備に関するⅠからⅢまでの資料をみて，あとの(1)から(6)までの問いに答えなさい。

Ⅰ　生徒が地域の高速道路建設についてまとめたレポートの一部

徳島県と香川県を結ぶ高速道路の建設に際し，切り崩す予定であった丘陵で鳴門板野古墳群が発見された。古墳群の中の前方後円墳は，この地域に（　①　）時期につくられたものと考えられる。

高速道路は右の地図のように建設され，当初の予定よりも工事期間は延びたが，公正と効率の観点からみると，[　②　] に配慮したものとなった。

また，鳴門ICから徳島・香川県境までの区間では，高速道路の建設に伴って496人の住民が用地の提供に応じ，180戸が移転することとなった。

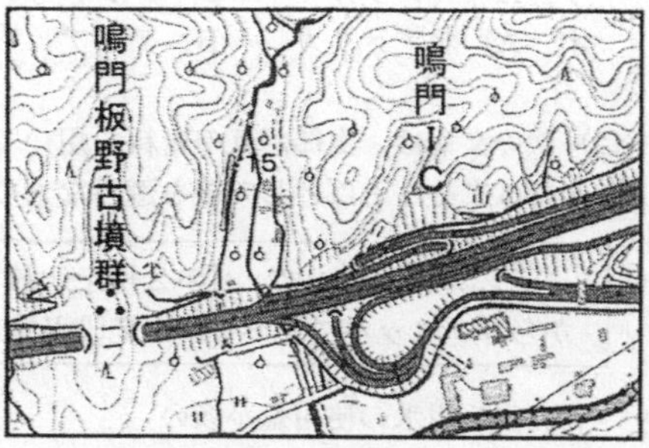

(国土地理院　地理院地図により作成)

(1) Ⅰの資料中の（　①　），[　②　] にあてはまることばとして最も適当なものを，次の**ア**から**ク**までの中からそれぞれ選びなさい。

ア　多賀城がおかれた　　　　　　**イ**　国風文化の影響が及んだ
ウ　大宰府がおかれた　　　　　　**エ**　大和政権の影響が及んだ
オ　古墳群の下にトンネルを建設し，文化財を保存することで，公正の観点
カ　古墳群の下にトンネルを建設し，道路本体の建設費を抑えることで，効率の観点
キ　鳴門ICを古墳群の西側に設置し，文化財を保存することで，公正の観点
ク　鳴門ICを古墳群の西側に設置し，道路本体の建設費を抑えることで，効率の観点

(2) Ⅰの資料のような，高速道路の建設に伴って文化財が発見されるというケースに際して，15歳の生徒がとる行動として法律の上で認められていないものを，次の**ア**から**オ**までの中から全て選びなさい。

ア　文化財の価値を知ってもらうためにボランティアガイドをつとめる。
イ　文化財の保存を求める請願書を市議会に提出する。
ウ　文化財調査後の高速道路早期完成を訴える署名活動に参加する。
エ　市議会議員選挙で文化財調査後の高速道路早期完成を公約とする候補者に投票する。
オ　文化財の保存を公約として市議会議員選挙に立候補する。

(3) 次の文章は，Ⅰの資料に関連して述べたものである。文章中の（　③　）から（　⑤　）までにあてはまることばとして最も適当なものを，下の**ア**から**キ**までの中からそれぞれ選びなさい。
なお，文章中の２か所の（　③　）には同じことばがあてはまる。

日本国憲法の第12条により，国民の自由や権利は「濫用してはならないのであって，常に（　③　）のためにこれを利用する責任を負う」とされている。Ⅰの資料では，（　④　）が（　③　）にあたり，住民の居住の自由や財産権が制限され，移転が実施されたと考えられる。
憲法に規定される自由権は人権保障の中心であるが，第22条や第29条が保障する（　⑤　）は，より快適な社会を実現するという観点から制限されることがある。

ア　公共の福祉　　　**イ**　法の下の平等　　　**ウ**　鳴門板野古墳群の調査
エ　高速道路の建設　　**オ**　身体の自由　　　**カ**　経済活動の自由
キ　精神の自由

Ⅱ　生徒が社会資本の整備に関する今後の課題についてまとめたレポートの一部

表１　建設後50年以上経過する道路施設の割合（％）

	2020年３月	2030年３月	2040年３月
橋	30	55	75
トンネル	22	36	53

（国土交通省「インフラ長寿命化計画」（令和３年）をもとに作成）

図１　「予防保全」への転換

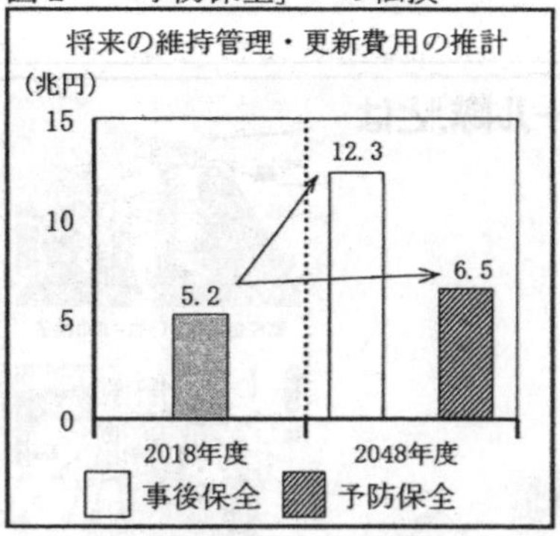

道路などの社会資本について，今後の維持管理・更新を「事後保全」により行った場合，30年後，その費用は約2.4倍増加。「予防保全」に転換した場合，約1.3倍増加。

（注）○更新 ＝ 施設を作り直すこと。
○事後保全 ＝ 施設に不具合が生じてから補修などの対策を講じること。
○予防保全 ＝ 施設に不具合が生じる前に補修などの対策を講じること。

（国土交通省「予防保全型のインフラ老朽化対策の推進」（令和２年）をもとに作成）

表２　道路の維持，補修の考え方

選択肢	％
補修するよりも積極的に作り直す	21.1
傷みが大きくなったら補修し，必要に応じて作り直す	5.3
傷みが小さいうちに予防的に補修し，長持ちさせる	41.1
施設の集約や撤去を進める	25.0
その他・無回答	7.5

表３　力を入れてほしい道路分野（複数回答）

順位	選択肢	％
1	災害に備えた対策	64.0
2	狭い道路や急カーブの改良	51.3
3	歩道の整備	39.1
⋮	⋮	⋮
9	清掃や修繕などの維持管理の充実	28.0
⋮	⋮	⋮
17	特になし・その他・無回答	4.4

（表２，表３とも内閣府「令和３年度 道路に関する世論調査」をもとに作成）

表１をみると，現在15歳の私たちが30歳を超えるころには，道路施設の老朽化が進むことがわかる。また，そのころには，現在よりも［　⑥　］ことが予測されていることから国は図１の見出しのような方針を示している。

世論調査の結果，この方針に示された考え方は，表２で［　⑦　］に力を入れてほしいと思っている人が多いことがわかる。

(4)　Ⅱの資料中の［　⑥　］，［　⑦　］にあてはまることばとして最も適当なものを，次のアからキまでの中からそれぞれ選びなさい。

ア　電気自動車が増加し，住宅への充電設備の設置が進む
イ　少子高齢化が進んで労働人口が減少し，税収が減る
ウ　第一次産業に従事する人が減り，食料自給率が低下する
エ　最も多くの人に支持されていることがわかるが，表３では，道路の維持管理よりもそれ以外
オ　最も多くの人に支持されていることがわかり，表３でも，道路の災害対策よりも維持管理
カ　７割以上の人に支持されていることがわかるが，表３では，道路の維持管理よりもそれ以外
キ　７割以上の人に支持されていることがわかり，表３でも，道路の災害対策よりも維持管理

(5) 次の文章は，生徒が道路の維持管理について，下の図２をもとに作成したレポートの一部である。文章中の（　⑧　），（　⑨　）にあてはまることばの組み合わせとして最も適当なものを，あとのアからエまでの中から選びなさい。

なお，文章中の２か所の（　⑧　）には同じことばがあてはまる。

『岡山道路パトロール隊』は，道路の維持管理という社会課題について，工業高校生が学校での学びを生かして（　⑧　）するものである。下の図中の「（　⑨　）」は，多くの場合，行政機関が担《にな》うが，道路の維持管理をはじめ，全ての社会課題を行政機関だけで解決することは難しい。これからの社会を支えるためには，私たちも，社会の一員であることを自覚して，積極的に（　⑧　）することが大切である。

図２

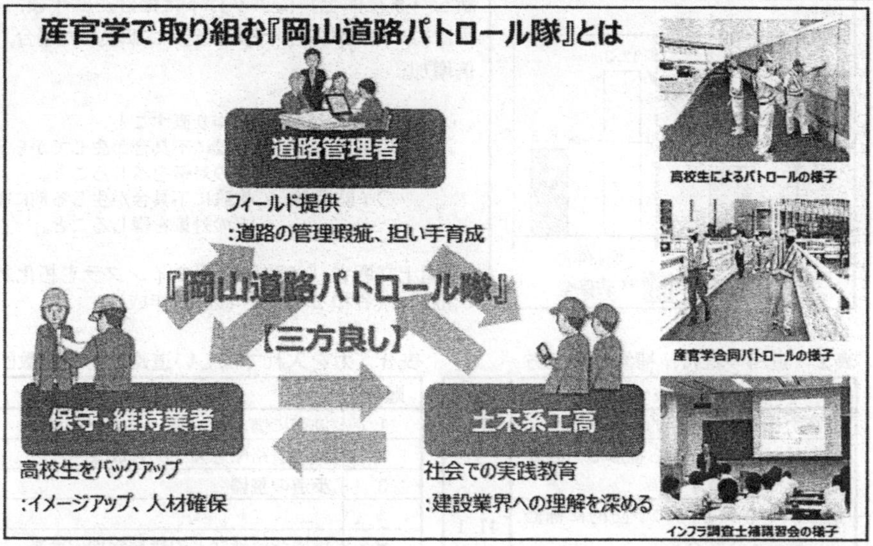

（注）管理瑕疵《かし》＝本来行うべき管理が十分にできていないこと。

（国土交通省「第５回インフラメンテナンス大賞（令和３年）」より抜粋）

ア　⑧　社会に参画　　⑨　保守・維持業者　　イ　⑧　社会に参画　　⑨　道路管理者

ウ　⑧　利潤を追求　　⑨　保守・維持業者　　エ　⑧　利潤を追求　　⑨　道路管理者

Ⅲ　生徒が公共事業の意義についてまとめたレポートの一部

国や地方公共団体が道路などの社会資本を整備する事業のことを公共事業という。不景気のときには，国や地方公共団体は，（　⑩　）ことを目的として公共事業関係の予算額を増やし，景気の回復を図ろうとすることがある。世界恐慌の際に（　⑪　）の中にも，こうした試みがみられる。

(6) Ⅲの資料中の（　⑩　），（　⑪　）にあてはまることばの組み合わせとして最も適当なものを，次のアからエまでの中から選びなさい。

ア　⑩　各銀行の国債を買う　　⑪　アメリカのとったニューディール政策

イ　⑩　各銀行の国債を買う　　⑪　イギリスのとったブロック経済

ウ　⑩　企業の仕事を増やす　　⑪　アメリカのとったニューディール政策

エ　⑩　企業の仕事を増やす　　⑪　イギリスのとったブロック経済

（問題はこれで終わりです。）

2　次の(1)から(3)までの問いに答えなさい。

(1)　図は，ある中学校のA組 32 人とB組 32 人のハンドボール投げの記録を，箱ひげ図で表したものである。

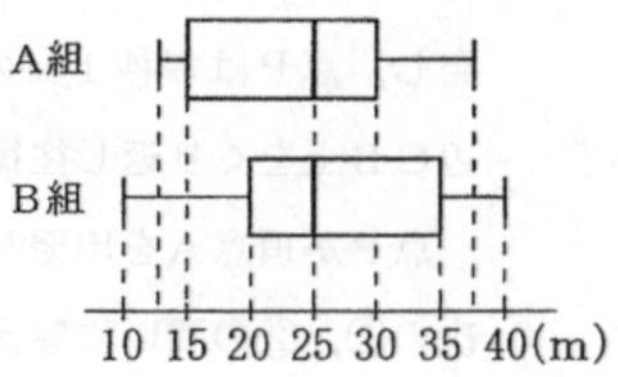

この箱ひげ図から分かることについて，正しく述べたものを，次のアからオまでの中から二つ選びなさい。

ア　A組とB組は，範囲がともに同じ値である。

イ　A組とB組は，四分位範囲がともに同じ値である。

ウ　A組とB組は，中央値がともに同じ値である。

エ　35 m以上の記録を出した人数は，B組よりA組の方が多い。

オ　25 m以上の記録を出した人数は，A組，B組ともに同じである。

(2)　図で，四角形ＡＢＣＤは平行四辺形であり，Ｅは辺ＢＣ上の点で，ＡＢ＝ＡＥである。

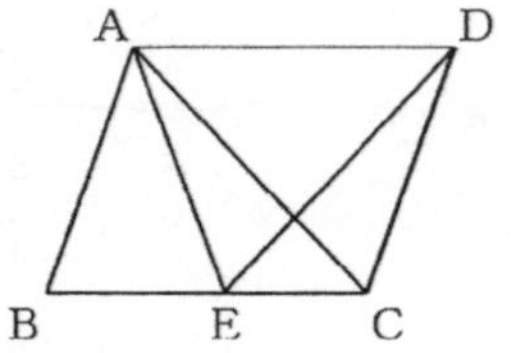

このとき，△ＡＢＣと△ＥＡＤが合同であることを，次のように証明したい。

(　Ⅰ　)，(　Ⅱ　) にあてはまる最も適当なものを，下のアからコまでの中からそれぞれ選びなさい。

なお，２か所の (　Ⅰ　)，(　Ⅱ　) には，それぞれ同じものがあてはまる。

(証明) △ＡＢＣと△ＥＡＤで，

仮定より，　ＡＢ＝ＥＡ　……①

平行四辺形の向かい合う辺は等しいから，　ＢＣ＝ＡＤ　……②

二等辺三角形の底角は等しいから，　∠ＡＢＣ＝(　Ⅰ　)　……③

平行線の錯角は等しいから，　(　Ⅰ　)＝(　Ⅱ　)　……④

③，④より，　∠ＡＢＣ＝(　Ⅱ　)　……⑤

①，②，⑤から２組の辺とその間の角が，それぞれ等しいから，

△ＡＢＣ≡△ＥＡＤ

ア　∠ＡＣＤ　　イ　∠ＡＣＥ　　ウ　∠ＡＤＣ　　エ　∠ＡＤＥ　　オ　∠ＡＥＢ

カ　∠ＡＥＣ　　キ　∠ＥＡＣ　　ク　∠ＥＡＤ　　ケ　∠ＥＣＤ　　コ　∠ＥＤＣ

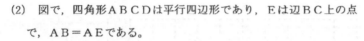

(3)　図で，四角形ＡＢＣＤはＡＤ//ＢＣ，∠ＡＢＣ＝90°，ＡＤ＝４cm，ＢＣ＝６cmの台形である。点Ｐ，Ｑはそれぞれ頂点Ａ，Ｃを同時に出発し，点Ｐは毎秒１cmの速さで辺ＡＤ上を，点Ｑは毎秒２cmの速さで辺ＣＢ上をくり返し往復する。

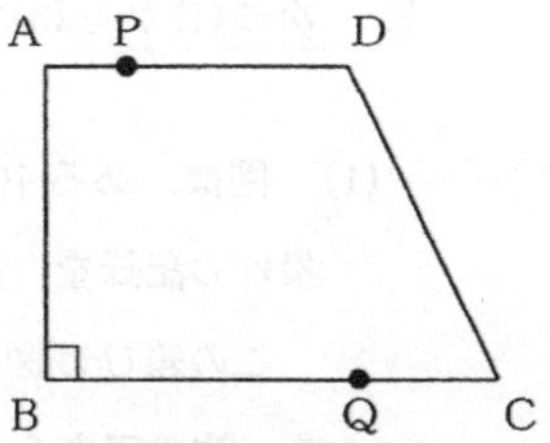

点Ｐが頂点Ａを出発してからx秒後のＡＰの長さを$y$cmとするとき，次の①，②の問いに答えなさい。

ただし，点Ｐが頂点Ａと一致するときは$y=0$とする。

なお，下の図を必要に応じて使ってもよい。

①　$x=6$のときのyの値として正しいものを，次の**ア**から**オ**までの中から一つ選びなさい。

ア　$y=0$　　**イ**　$y=1$　　**ウ**　$y=2$　　**エ**　$y=3$　　**オ**　$y=4$

②　点Ｐ，Ｑがそれぞれ頂点Ａ，Ｃを同時に出発してから12秒後までに，ＡＢ//ＰＱとなるときは何回あるか，次の**ア**から**オ**までの中から一つ選びなさい。

ア　1回　　**イ**　2回　　**ウ**　3回　　**エ**　4回　　**オ**　5回

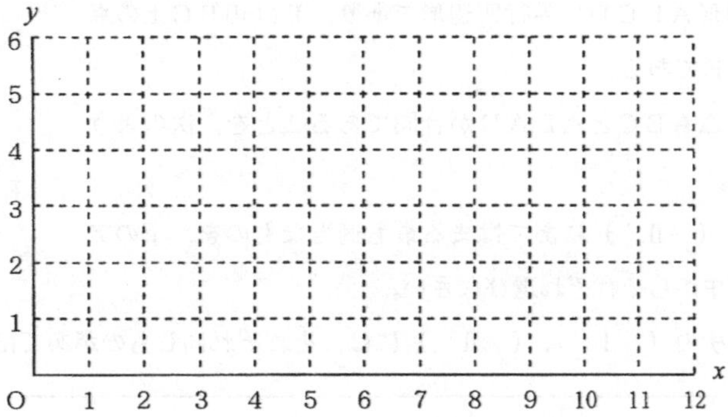

3 次の(1)から(3)までの文章中の アイ などに入る数字をそれぞれ答えなさい。

解答方法については，表紙の裏にある**【解答上の注意】**に従うこと。

(1) 図で，A，B，C，Dは円Oの周上の点で，AO//BCである。

∠AOB＝48° のとき，∠ADCの大きさは アイ 度である。

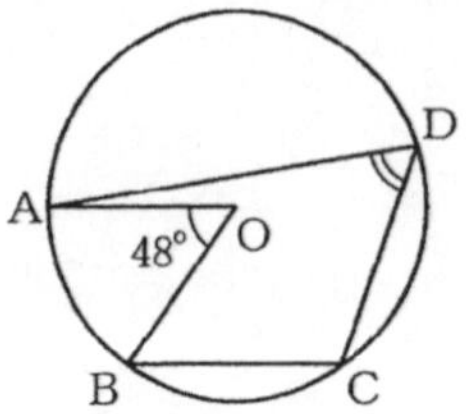

(2) 図で，四角形ABCDは長方形で，Eは辺ABの中点である。また，Fは辺AD上の点で，FE//DBであり，G，Hはそれぞれ線分FCとDE，DBとの交点である。

AB＝6 cm，AD＝10 cm のとき，

① 線分FEの長さは $\sqrt{\text{アイ}}$ cmである。

② △DGHの面積は ウ cm^2 である。

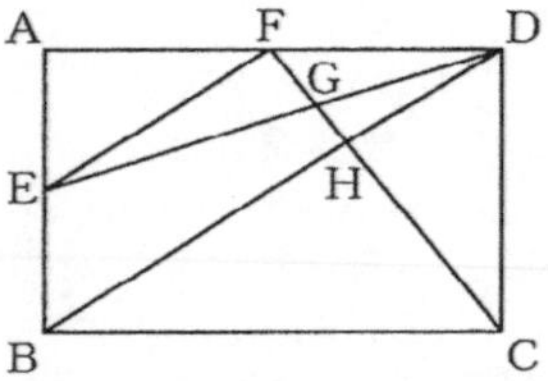

(3) 図で，立体ABCDEFGHは底面が台形の四角柱で，AB//DCである。

AB＝3 cm，AE＝7 cm，CB＝DA＝5 cm，DC＝9 cm のとき，

① 台形ABCDの面積は アイ cm^2 である。

② 立体ABEFGHの体積は ウエ cm^3 である。

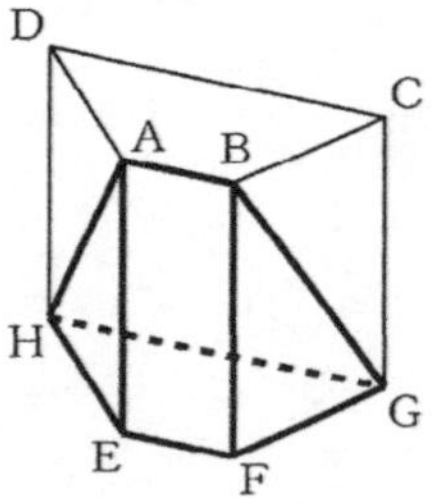

（問題はこれで終わりです。）